KB151632

셰익스피어 영어의 문법

정 재 문 저

한국문화사

셰익스피어 영어는 얼핏 보면 오늘날의 영어와 별다른 차이가 없는 것처럼 보이지만, 주의하여 보면 양자간에 많은 차이가 있음을 발견하게 될 뿐만 아니라 이해하기도 결코 쉽지 않다는 것을 느끼게 된다.

그래서 본서는 셰익스피어 작품을 원문으로 읽고자 하는 사람들을 위해 현대 영어와 현저하게 다른 셰익스피어 영어의 중요한 특징들을 중점적으로 다루었다.

셰익스피어의 영어는 중세 영어의 굴절이 거의 상실된 초기 현대 영어이다. 이 시기에는 영어가 많은 변화를 급격히 경험한 직후이기 때문에 일정한 규범 아래에서 잘 정리될 시간적 여유를 갖지 못하여 매우 유동적인 모습을 띠었다. 즉 아직 일정한 규범의 속박을 받지 않고 있었기 때문에 불규칙하고 신축성이 있었다. 그래서 셰익스피어 시대 사람들은 오늘날 우리가 의식하고 있는 이른 바 문법 규칙에 구애되지 않고 마음대로 자유롭게 영어를 요리하여 문장을 만들어 사용했다. 더구나 천재적인 말재주와 풍부한 상상력을 가진 셰익스피어 같은 작가들은 그들의 상상력이 미치는 대로 영어를 마음껏 자유자재로 구사하여 작품을 썼다.

요컨대 셰익스피어 시대의 영어는 아직 사전이나 문법의 제약을 받지 않는 상태에 있었기 때문에 현대 영어처럼 형태상(形態上)의 제약에 의해 속박되는 것이 아니라 의미를 위주로 하여 처리되었다. 즉 형태보다는 의미에 의해 문법적 사항이 결정되었다. 그러므로 현대 영어의 관점에서 보면 비문법적이라고 생각되는 구문이나 용법을 많이 볼 수 있는데, 그 당시의 상황으로는 어쩔 수 없는 일이었다. 이러한 점들을 염두에 두고, 본서에서 다루는 셰익스피어 영어의 문법적 특징들을 소화한 뒤, 각 작품의 주석을 참조하면서 작품을 읽어 가면 그 내용을 이해하는데 그다지 큰 어려움이 없을 것으로 생각된다.

독자들이 셰익스피어 작품을 원문으로 읽는데 본서가 다소라도 도움이 된다면 저자에게는 그 이상의 기쁨과 보람이 없을 것이다.

2003.5. 저자

Ado = Much Ado about Nothing

All's = All' s Well that Ends Well

Ant. = Antony and Cleopatra

AYL.=As You Like It

Caes.=Julius Caesar

Cor.=Coriolanus

Cymb.=Cymbeline

Err.=The Comedy of Errors

Gent.=The Two Gentlemen of Verona

1H4.=The First Part of King Henry IV

2H4.=The Second Part of King Henry IV

H5.=The Life of King Henry V

1H6.=The First Part of King Henry VI

2H6.=The Second Part of King Henry VI

3H6.=The Third Part of King Henry VI

H8.=The Famous History of the Life Of King Henry VIII

Ham.=Hamlet, Prince of Denmark

John=The Life and Death of King John

Lear=King Lear

LLL.=Love' s Labour' s Lost

Lucr.=The Rape of Lucrece

Macb.=Macbeth

Meas.=Measure for Measure

Merch.=The Merchant of Venice

MND.=A Midsummer-Night' s Dream

Oth.=Othello, the Moor of Venice

Per.=Pericles, Prince of Tyre

R2.=The Tragedy of King Richard II

R3.=The Tragedy of King Richard III

Rom.=Romeo and Juliet

Shr.=The Taming of the Shrew

Sonn.=Sonnets

Temp.=The Tempest

Tim.=Timon of Athens

Tit.=Titus Andronicus

Troil.=Troilus and Cressida

Twelf.=Twelfth-Night ; or, What You Will

Ven.=Venus and Adonis

Wint.=The Winter' s Tale

Wiv.=The Merry Wives of Windsor

언어는 그 언어가 사용되어지는 공동생활체 안에서의 정치적, 경제적, 사회적, 문화적 현상에 막대한 영향을 받는다. 영어 역시 오랜 세월을 거치는 동안에 영국국민이 경험한 정치적, 경제적, 사회적, 문화적인 여러 사건의 영향을 받으면서 그 시대의 독특한 특색 내지 성격을 그대로 반영하여 끊임 없는 변화와 발전을 거듭하여 왔다.

그런데 특히 중세영어의 말기에 해당되는 1450년경부터 1500년까지 약 50년 동안은 여러 가지 획기적인 사건들이 일어나 현대영어의 성립을 재촉하는 촉매제 역할을 했다. 그래서 이 시기는 중세영어에서 현대영어로 넘어가는 과도기라고도 불린다.

이 기간 중에 일어난 일로서 아주 중요한 의미를 갖는 사건 가운데 하나는 캑스턴(Caxton, William; 1422-91)의 인쇄술의 도입이다. 그는 인쇄술을 도입하여 영국에서 활발하게 출판사업을 하였는데, 그의 출판물에 의해 동중부방언(East Midland dialect)이 영국 전역에 퍼지고 또한 영어가 점차 고정되는 계기가 됐다.

또한 이 과도기를 거쳐 초기 현대영어 시대에 들어오면서 중세시대의 단순화된 굴절형(levelled inflection)이 거의 모두 탈락하였다. 그래서 이러한 굴절형의 상실을 보완하기 위한 새로운 문법적 방편이 광범위하게 사용되었는데, 그것은 다름 아닌 어순의 고정과 우언법(迂言法, periphrasis)이다. 즉 어떤 낱말의 문법적 관계를 나타내주는 굴절형이 상실됨으로써 그 낱말이 문장 속에서 가지는 문법적인 관계를 명확하게 해주는 새로운 방안이 필요했는데, 그 중의 하나가 어순의 고정인 바, 이 어순의 고정으로 인해 동사보다 앞에 오는 명사는 주어가 되고 동사보다 뒤에 오는 명사는 목적어가 되는 이른바 주어+동사+목적어라는 기본적인 문형이 성립되게 되었다. 그리고 또 하나의 다른 방안인 우언법은 굴절형 대신에 독립된 낱말을 사용하여 문법적인 관계를 나타내는 방법으로서, 예를 들면 동사의 시제형(tense form)이나 서법형(mood form)을 만들 때 동사의 굴절형 대신에 조동사를 쓴다던가, 또는 명사의 격형(case form) 대신에 전치사 구문을 쓰는 것 등이 그것이다. 이리하여 현대영어가 본격적으로 시작되는 1500년경에 이르러 영어는 관계대명사, 접속사, 전치사, 조동사 등과 같은 기능어를 활용하여 낱말, 구, 절 등의 상호 문법적 관계를 비교적 명쾌하게 나타내줌으로써 문장의 구성 체계가 자리잡아 가게 됐다(관계대명사의 경우, that만이 유일한 관계대명사로 쓰이다가 14세기에 이르러 새로이 which가 등장하고, 이어서 who, whose, whom 등이 등장하여 지금과 같은 관계대명사의 위치를 구축하게 되었고, 미래시제의 경우, 15세기경부터 shall과 will이 본격적으로 사용되었으며, 진행형 역시 15세기경부터 등장하기 시작했다. 부정문을 만들기 위해 조동사 do를 사용하기 시작한 것도 15세기경부터이고, can, may, let 등이 등장한 것도 15세기이다).

셰익스피어 시대(1564-1616)는 초기 현대영어 시대에 속하기 때문에, 후기 현대영어 시대에 속하는 오늘날의 영어와 셰익스피어의 영어는 상당한 차이가 있다. 셰익스피어의 영어는 초기 현대영어에서 후기 현대영어로 들어서는 과도기적 성격을 띤 영어이기 때문에 모든 사항이 아직 완전히 고정되어 있지 않은 상태에 있었다. 예를 들면, 오늘날의 영어와 비교해 볼 때 아직 철자법이 고정되어 있지 않았다. 그리고 철자법이 고정되어 있지 않았기 때문에 자연히 발음도 고정되어 있지 않았다. 더구나 이 시기에는 대모음 전환(Great Vowel Shift)이 아직 진행 중이었기 때문에 모음의 음가가 정해지지 않았음은 물론이다. 또한 여러 가지 문법적인 사항도 유동적이어서 구문이 자유스러웠고, 어휘의 용법 또한 자유스러웠다. 다시 말해 셰익스피어 시대의 영어는 문법적으로 정리되어 있지 않은 상태에 있었기 때문에 어떤 일정한 형태상의 제약에 의해 구속받지 않고 의미를 위주로 하여 처리되는 상태에 있었다. 결국 형태보다는 의미에 의해 주로 문법적 사항이 결정되었기 때문에 오늘날의 입장에서 보면 비문법적이라고 생각되는 구문이나 용법이 많이 있다. 이제 이런 것들의 대표적인 것들을 살펴보자.

1. 품사의 자유로운 전용(轉用)

셰익스피어 시대의 작가들 특히 셰익스피어는 굴절상실(屈折喪失)로 인한 품사전용의 가능성을 이용하여 어떠한 단어라도 필요에 따라 임의로 품사의 전용을 감행했을 뿐만 아니라 자동사를 타동사로 쓰는 것과 같은 문법상의 기능까지도 임의로 변경시켰다. 즉 품사의 구별이라는 것을 염두에 두지 않고 작가의 필요에 따라 명사를 동사로, 혹은 동사를 명사로, 또는 형용사를 명사나 동사나 부사로, 또는 대명사를 명사로 등등처럼 품사를 마음대로 전환하여 사용했다.

1.1. 명사의 동사화

1.1.1. 무생물 명사의 동사화

- And *foot* me, as you spurn a stranger cur Over your threshold (마치 낯선 개를 발길로 차서 문 밖으로 쫓아내듯 나를 걸어 차셨다) *Merch.* 1.3.119.
- And I will go and *purse* the ducats straight (그리고 나는 즉시 가서 그 금액을 지갑에 넣겠다) *Merch.* 1.3.175.
- May you *stead* me? will you pleasure me? (나를 도와주겠소? 내 청을 들어주겠소?) *Merch.* 1.3.7.

- When I did hear The motley fool thus *moral* on the time (그 얼룩 옷 입은 광대가 시간에 대해 설교하는 것을 들었을 때) *AYL*. 2.7.29.
- For if thou *path*, thy native semblance on (만일 그대가 타고난 그대의 모습 그대로 보여주면서 걸어 다니면) *Caes*. 2.1.83.

이러한 용법은 현대영어에도 남아 있는데, 흔히 어떤 명사를 동사로 사용하고 그 목적어로서 it을 둔다: bus it(버스로 가다), foot it(걸어서 가다), hotel it(호텔에 묵다). . . .

1.1.2. 유생물(有生物) 명사의 동사화

가족관계나 신분관계 등을 나타내는 명사를 동사로 사용하는 일이 세익스피어의 영어에는 상당히 많다.

- He *childed* as I *father'd* (내가 아버지 때문에 고통받듯이 그 분은 딸들 때문에 고통받는구나) *Lear* 3.6.117.
- Think you I am no stronger than my sex, being so *father'd* and so *husbanded*? (그런 아버지, 그런 지아비를 모시고 있는 제가 보통 여자보다 더 강인하지 못하다고 생각하시옵니까?) *Caes*. 2.1.297.
- Grace me no grace, nor *uncle* me no uncle (날더러 존경한다느니 숙부님이니 하지 말아라) *R2*. 2.3.87.

현대영어의 "lord it"(대감 행세를 하다), "king it"(왕 행세를 하다), "queen it"(여왕 행세를 하다) 등도 이러한 용법의 잔재라고 생각된다.

1.1.3. 고유명사의 동사화

- it out-*herods* Herod: pray you, avoid it (폭군 헤롯보다도 한술 더 뜬

다니까. 제발 그런 짓은 삼가주게) *Ham.* 3.2.16.

- She *Phebes* me, mark how the tyrant writes (그 여자가 나에게 피이비처럼 함부로 구는구나. 그 폭군 같은 여자가 뭐라고 써 놓았는지 들어보시오) *AYL.* 4.3.39.

1.2. 동사의 명사화

현대영어에서도 구어에서는 walk라는 동사 대신 have a walk와 같이 기본동사(have, get, make, take 등) + a +동사(명사)의 형식을 사용하는 일이 많은데(예: have a chat, have a dip, have a dream, have a drink, have a swim, have a smoke, have a try, get a laugh at, take a look at, take a trip . . .), 셰익스피어 시대에는 이러한 형식의 경우 이외에도 동사를 명사로 전환하여 사용하는 일이 적지 않았다.

- the husbandry and *manage* of my house (나의 집을 안전하게 지키고 관리하는 일) *Merch.* 3.4.25.
- He hath a person and a smooth *dispose* To be suspected, framed to make women false (그 녀석은 인품으로 보나 상냥한 태도로 보나 여자를 꼬여 먹게 생겨먹은 놈인지라 의심을 받을 만 하거든) *Oth.* 1.3.403.
- he bringeth sensible *regreets* (그는 각별한 인사를 가져왔다) *Merch.* 2.9.89.
- 기타: my *here-remain* in England; my *depart*; make *prepare* for; his *repair*; deep *exclaims*; a sweet *retire*; false *accuse*; from *suspect*; the boar's *annoy* . . . .

1.3. 대명사의 명사화

대명사 "he"와 "she"가 각각 "a male (person)"과 "a female (person)"을 의미하는 명사로 사용되었다.

- Betwixt two such *shes* (그러한 두 여인 사이에서) *Cymb*. 1.6.40.
- Lady, you are the cruellest *she* alive (아가씨야말로 가장 잔인한 여인이십니다) *Twelf*. 1.5.259.
- I am that *he*, that unfortunate *he* (내가 바로 그 남자요. 불행한 그 남자란 말이오) *AYL*. 3.2.414.
- The fair, the chaste and unexpressible *she* (아름답고, 정숙하고, 말로 표현할 수 없는 그 여인) *AYL*. 3.2.10.

1.4. 형용사의 부사화

오늘날에는 대개 형용사에 "-ly"를 붙여 부사를 만들어 사용하지만, 세익스피어 시대에는 형용사가 자유로이 부사로 사용되었다. 왜냐하면 옛날 영어에서는 대개의 경우 형용사의 어미에 "-e"를 첨가하여 부사를 만들었는데(예: bright는 형용사, brighte는 부사), 세월이 지나면서 그 첨가된 "e"가 탈락되어 결국 형용사와 부사가 동일한 형태로 되었기 때문이다.

- Which the false man does *easy* (그 일을 위선자는 쉽게 한다) *Macb*. 2.3.143
- Some will *dear* abide it (누군가가 그 때문에 단단히 혼나게 될 것이다) *Caes*. 3.2.119.
- grow not *instant* old (즉시 늙지 말아라) *Ham*. 1.5.94.

- Which else should *free* have wrought (그렇지 않았던들 **흡족하게 대접을 해 드렸을 텐데**) *Mac.* 2.1.19.
- Did I expose myself *pure* for his love (순전히 그를 사랑했기 때문에 위험을 무릅쓴 것이었소) *Twelf.* 5.1.86.
- (I know) when the blood burns how *prodigal* the soul Lends the tongue vows (나는 알고 있느니라, 열정이 타오를 때는 영혼이 얼마나 헤프게 입에 발린 맹세를 늘어놓는지를) *Ham.* 1.3.116.

때로는 –ly가 있는 부사형과 –ly가 없는 부사형이 동일 문장 안에서 병치되어 있는 경우도 있다.

- His grace looks *cheerfully* and *smooth* to-day (섭정공께서는 오늘 아침에 기분이 좋은 기색이십니다) *R3.* 3.4.50.
- And that so *lamely* and *unfashionable* (그리고 그것도 그토록 볼품 사납게 그리고 절름발이로) *R3.* 1.1.22.
- Good gentlemen, look *fresh* and *merrily* (귀공들, 상쾌하고 즐거운 표정을 지으시오) *Caes.* 2.1.224.
- Look' d he. . .or *sad* or *merrily*? (그는 슬퍼 보이던가 아니면 유쾌해 보이던가?) *Err.* 4.2.4.
- Most *strange*, but yet most *truly*, will I speak (가장 괴상한 일이지만, 가장 틀림없는 사실을 말해야겠소) *Meas.* 5.1.37.

다음과 같은 현상도 위와 같은 원리라고 볼 수 있다.

- Half *sleep*, half *waking* (sleep=sleeping 반은 자고 반은 깨어 있는) *MND.* 4.1.151.
- The *humble* as the *proudest* sail (humble=humblest 가장 미천한 돛도 가장 뽐내는 돛도) *Sonn.* lxxx.6.

1.5. 형용사의 명사화

형용사가 명사로 사용되는 일이 흔했다.

- Before these bastard signs of *fair*(beauty) were born (저 부정한 형식
  의 미가 태어나기 전에) *Sonn.* 68.
- I'll make division of my *present* (money) with you (이 돈을 당신과
  나누어 갖겠소) *Twelf.* 3.4.380.
- *Small* have continual plodders ever won (꾸준히 해 보았자 얻는 소
  득은 보잘 것 없습니다) *LLL.* 1.1.86.

1.5.1. "a" + 형용사, 형용사 + 복수어미 "-s"

형용사에 "a"를 붙여 단수명사로, 그리고 복수어미 "-s"를 붙여
복수명사로 사용했다.

- All *cruels* else subscribed (다른 모든 맹수들도 그 잔인성을 버린다)
  Lear 3.7.65.
- is it possible, on such *a sudden*, you should fall into so strong a
  liking (그렇게 갑자기 열렬한 사랑에 빠질 수 있어요?) *AYL.* 1.3.27.
- If you'll bestow *a small* (조금 주신다면) *Cor.* 1.1.129.

형용사의 비교급을 명사화하기도 했다.

- they strike *A meaner* than myself (그것들이 나보다 더 천한 놈을 때린
  다) *Ant.* 4.15.47.
- *An elder* than herself (그 여인보다도 더 연상인 사람) *Twelf.* 2.4.31.

- I fear there will *a worser* come in his place (그 대신 그 보다 더 나쁜 자가 나타날까봐 걱정이다) *Caes*. 3.2.116.
- they beheld *a greater* than themselves (그들은 자기들보다 더 위대한 사람을 보았다) *Caes*. 1.2.209.

관사를 붙이지 않고 형용사를 호격명사로 사용하기도 했다.

- *Gentle*, hear me (우아한 분이여, 내 말을 들으시오) *Ant*. 4.15.47.
- *sweet*, pardon what is past (관대하신 폐하, 부디 지나간 일은 용서하여 주시옵소서) *Tit*. 1.1.431.

1.5.2. the + 형용사

형용사에 정관사를 붙여 단수 구상명사(具象名詞)로 사용했다.

- *The younger* rises when *the old* doth fall (늙은이가 쓰러지면 젊은이가 일어서는 법이다) *Lear* 3.3.26.
- to exchange *the bad* for *better* (나쁜 것을 좋은 것으로 바꾸는) *Gent*. 2.6.13.
- Unwilling to outlive *the good* that did it (그것을 해 준 은인보다 더 오래 살아 있기가 싫어서) *H8*. 4.2.60.

Cf. 현대영어에서는 형용사에 정관사를 붙이면 복수 보통명사(the rich = rich people)나 추상명사(the beautiful = beauty)의 의미를 나타내는 것이 일반적이고, 단수 구상명사(the accused = 피고)의 의미를 나타내는 경우는 아주 드물다.

1.6. 형용사의 동사화

형용사를 동사로 사용하기도 했다.

- music *mads* me (음악이 나를 미치게 하는구나) *R2*. 5.5.61.
- And that which most with you should *safe* my going, Is Fulvia's death (그대가 나의 가는 길을 안전하게 해야할 가장 절박한 이유는 펄비아가 죽었다는 사실이다) *Ant*. 1.3.55.
- we *fat* all creatures else to *fat* us, and we *fat* ourselves for maggots (우리가 뭇 짐승을 살찌우는 것은 우리를 살찌우기 위함이요, 우리 자신을 살찌우는 것은 구더기를 위함이다) *Ham*. 4.3.23-4.
- My master loves her truly, And I, poor monster, *fond* as much on him (나의 주인은 그녀를 죽어라 사랑하고, 괴물처럼 변장한 나는 못지 않게 주인을 사랑한다) *Twelf*. 2.2.35.

1.7. 부사의 형용사화

현대영어에서도 부사가 형용사로 쓰이는 일이 좀 있지만(예: our *then* king), 세익스피어 시대에는 부사가 대담하게 형용사로 사용되었다.

- our *then* dictator (그 당시 우리의 집정관) *Cor*. 2.2.93.
- Good *sometime* queen (지난날의 왕비) *R2*. 5.1.37.
- In Belmont is a lady *richly* left (벨몬트에 굉장한 유산을 물려받은 한 숙녀가 있다) *Merch*. 1.1.161.
- The best news is that we have *safely* found Our king and company (safely=in a safe state=safe 가장 기쁜 소식은 왕과 그 일행이 무사하다

는 것이오) *Temp.* 5.1.221.

- that fresh blood which *youngly* Thou bestow' st thou mayst call thine (젊은 때에 그대가 주는 그 신선한 피를 그대는 그대의 것이라고 해도 좋소) *Sonn.* 11.3.

1.8. 기타의 품사전환

앞에서 살펴본 예들은 셰익스피어 시대에 많이 전환되어 사용된 전형적인 것들에 불과하다. 이미 언급한 바와 같이 이 시대에는 거의 모든 품사가 어떤 다른 품사로도 전환되어 사용될 수 있었다. 이해를 돕기 위해 몇 가지 예를 더 들면 다음과 같다.

- If thou *thou' st* him some thrice, it shall not be amiss (자네가 그를 '네놈이' 라고 세 번 되풀이 써도 상관없을 걸세) *Twelf.* 3.2.48. (대명사가 동사로 전용됨)
- in the dark *backward* and abysm of time (어둡고 아득한 지난날에) *Temp.* 1.2.50. (부사가 명사로 전용됨)
- I would there were no age between sixteen and three-and-twenty . . . for there is nothing in the *between* but . . . (열 여섯 살부터 스물 세 살 사이의 나이는 없으면 좋으련만 . . . 왜냐하면 그 사이에는 . . . 이 외에는 하는 일이 아무 것도 없으니까) *Wint.* 3.3.62. (전치사가 명사로 전용됨)
- Your *If* is the only peace-maker; much virtue in *If* (당신의 그 '만약에' 라는 말은 유일한 중재자입니다. 그 '만약에' 속에는 많은 공덕이 있습니다) *AYL.* 5.4.108. (접속사가 명사로 전용됨)

2. 주요한 비문법적 구문

2.1. 이중부정 혹은 삼중부정

현대 영어에서는 부정의 부정이 긍정이 되지만, 고대 영어 시대에서부터 중세 영어 시대와 셰익스피어 시대를 거쳐 18세기초까지에는 부정의 관념을 강하게 나타내기 위해서 부정어를 중복해서 사용하였다. 오늘날에도 속어나 방언에서는 그러한 습관이 여전히 남아 있는데, 특히 미국 영어에서 그러하다.

〈이중부정의 예:
- I *cannot* go *no* further (나는 더 이상 걸어 갈 수 없다) *AYL*. 2.4.10.
- Thou hast no figures *nor no* fantasies (당신에게는 망상도 또한 공상도 없소) *Caes*. 2.1.231.
- do I not in plainest truth Tell you, I do not, *nor* I *cannot* love you? (당신에게 솔직하게 말하고 있지 않소? 난 그대를 사랑하지도, 사랑할 수도 없다고 말이오.) *MND*. 2.1. 201.

〈삼중부정의 예:
- *nor never none* Shall mistress be of it, save I alone (그것을 가질 수 있는 사람은 저 한 사람밖에는 아무도 없습니다) *Twelf*. 3.1.171.
- love no man in good earnest; *nor no* farther in sport *neither* than with safety of a pure blush thou mayst in honour come off again (남

자를 진심으로 사랑해서는 안돼요. 심심풀이도 도를 넘어서는 안되죠.
얼굴을 붉히는 순진성을 안전히 지키고, 무사히 되돌아 올 정도에 그쳐
야 한단 말이오) *AYL*. 1.2.30.

2.2. 이중비교법

이중부정의 경우와 마찬가지로 비교의 관념을 강하게 나타내기 위해 비
교급을 중복해서 사용하는 경우가 셰익스피어 시대에는 흔했다. 오늘날에
도 방언이나 속어 따위에는 그러한 습관이 여전히 남아 있다.

- How much *more elder* art thou than thy looks! (보기와는 달리 어쩌
  면 저리도 노련하실 수가 있을까!) *Merch*. 4.1.251.
- I am sure, my love's *More richer* than my tongue (분명 나의 사랑은
  혀를 놀려 말로는 도저히 표현할 수 없는 것이다) *Lear* 1.1.80.
- for the *more better* assurance (좀 더 안심시켜주기 위해서) *MND*.
  3.1.21.
- This was the *most unkindest* cut of all (이것은 세상에서 가장 무자비
  한 상처요) *Caes*. 3.2.187.

2.3. 이중 전치사(double preposition)

어떤 동사가 전치사를 취할 때, 그 동사와 그 전치사가 가까이 있
지 않으면 그 동사 뒤에 그 전치사를 한번 더 두어서 그 관계를 분
명히 나타내주는 경우가 흔했다.

- *In* what enormity is Marcius poor *in*? (마시어스 장군께서 적게 가지

고 있는 결점이 무엇이 있소이까?) *Cor*. 2.1.18.

- But *on* us both did haggish age steal *on* (그러나 숨어드는 나이에 우리 두 사람은 늙어서 말라빠지게 됐소) *All's* 1.2.29.

- The scene where*in* we play *in* (우리가 맡아 하는 장면) *AYL*. 2.7.139.

- And generally *in* all shapes that man goes up and down in, from fourscore to thirteen, this spirit walks *in* (그리고 대체로 여든 살에서 열세 살에 이르기까지 온갖 모습으로 인간의 옷을 차려 입고 나타났다 사라졌다 하면서 이 도깨비는 등장한단 말씀이야) *Tim*. 2.2.119.

2.4. 군더더기 목적어(redundant object)

"I know what you are"라고 말하는 대신에, 셰익스피어는 그 종속절 즉 "what you are"의 앞에 또 하나의 군더더기 목적어인 "you"를 두어 그 종속절이 그 목적어에 대한 설명이 되게 하는 일이 자주 있다. 본동사가 감각동사인 경우에 이러한 구문이 많은데, 주어 + 감각동사 + 감각의 대상이 되는 명사 + 그 감각에 의해 지각되는 내용(절)의 형태를 대개 취한다.

- I know *you* what you are (나는 당신들의 본심을 알고 있습니다) *Lear* 1.1.272.

- You hear *the learn' d Bellario*, what he writes (너희들은 석학 벨라리오 박사의 서신 내용을 방금 들었다) *Merch*. 4.1.167.

Thou seest *the world*, Volunius, how it goes (볼룸니어스, 그대는 세상 돌아가는 사정을 알고 있을 것이오) *Caes*. 5.5.22.

- Belike they had some notice of *the people*, How I had moved them (아마도 그들은 내가 어떻게 군중을 선동했던가에 대한 소식을 들었나 보구나) *Caes*. 3.2.275-6.

- sound thou *Lord Hastings*, How he doth stand affected to our purpose (우리들의 계획에 대해 해스팅스 경이 어떻게 나오는가 그의 의향을 떠보시오) *R3*. 3.1.170-1.

- I see *you* what you are (당신의 사람됨됨이 보입니다) *Twelf.* 1.4.269.
- Conceal *me* what I am (제 신분을 감춰주세요) *Twelf.* 1.2.53.
- We'll hear *him* what he says (본관은 그가 하는 말부터 들어 보겠다) *Ant.* 5.1.51.
- But wilt thou hear *me* how I did proceed? (그건 그렇고 내가 어떻게 이 일을 처리했는지 들어 보겠나?) *Ham.* 5.2.27.

2.5. 군더더기 대명사

주어(명사) 다음에 그 주어를 받는 군더더기 대명사가 삽입되는 경우가 자주 있으며, 목적어 다음에 그 목적어를 받는 군더더기 대명사가 삽입되는 경우도 간혹 있다.

- For your intent . . . *it* is most retrograde to our desires (그대의 의도는 과인이 바라는 바에 완전히 어긋나는 것이기 때문에) *Ham.* 1.2.112.
- Your brother *he* shall go along with me (그대의 아우는 본관이 데려가야겠소) *All's* 3.6.117.; *R2.* 2.2.80.
- But this same Cassio, though he speak of comfort Touching the Turkish loss, yet *he* looks sadly (그러나 이 카시오라는 분은 터키 함대의 괴멸에 대해 기뻐하면서도, 우울한 표정을 짓고 있습니다) *Oth.* 2.1.31-2.
- The skipping king *he* ambled up and down (그 경박한 왕은 이리 저리 쏘다녔다) *1H4.* 3.2.60.

2.6. 절대 명사(noun absolute)

화자(話者)가 자신의 마음속에서 가장 강하게 의식하고 있는 말을 문장의 맨 앞에 두되, 그 말이 그 뒤에 이어지는 문장의 동사나 전치사 따위와 문법적 관계를 갖지 않는 절대적인 상태에 있는 구문이 세익스피어에는 상당히 많다.

- *He that retires*, I' ll take *him* for a Volsce (물러서는 놈, 그 놈을 나는 볼사인으로 간주하겠다) *Cor*. 1.4.28.
- *we that have free souls*, it touches *us* not (깨끗한 영혼을 가지고 있는 우리, 그러한 우리에게 그것은 아무런 관계가 없다) *Ham*. 3.2.252.
- *those that will hear me speak*, let *'em* stay here (내 말을 듣고자 하는 사람들, 그들을 여기에 남아 있게 하시오) *Caes*. 3.2.5.
- *All that served Brutus*, I will entertain *them* (브루터스 공을 섬기던 사람들, 그들을 내가 거두어 주겠다) *Caes*. 5.5.60.
- *who tells me true*, though in his tale lie death, I heat *him* as he flatter' d (나에게 진실을 말해주는 사람, 비록 그 이야기 가운데 죽음이 있다 해도, 바로 그런 사람의 말을 나는 아첨과 같이 달게 듣는다) *Ant*. 1.2.102.

2.7. 주어와 동사의 불일치

세익스피어 시대에는 다음과 같은 일들이 자주 있었다.

2.7.1. 복수주어를 단수로 취급하는 경우

주어의 형태가 복수이지만 화자의 머리에서는 그것을 하나의 단위로 생

각하기 때문에, 즉 의미상 단수로 생각하기 때문에, 동사를 단수로 하는 경우:

- what these Christians are, Whose own hard *dealings teaches* them suspect the Thought of others (기독교들이란 어째서 이 모양들이옵니까, 스스로 가혹한 짓을 서슴치 않으니, 다른 사람들의 생각도 의심하게 되었나 보옵니다) *Merch.* 1.3.162.
- three *parts* of him *Is* ours already (그 분의 사분의 삼은 이미 우리편이 되었소) *Caes.* 1.3.154-5.
- Rosalind lacks then the love Which teacheth thee that *thou and I am* one (그렇다면 로잘린드는 애정이 없는 거야. 우리 둘이 일심동체라고 생각하게 하는 그런 애정 말이야) *AYL.* 1.3.99.
- *Poor and content is* rich (가난하면서도 만족하면 부자 못지 않다) *Oth.* 3.3.172.
- *Renown and grace is* dead(명예와 미덕은 죽어 없어지고 말았다) *Mac.* 2.3.76.
- *Hanging and wiving goes* by destiny (교수형과 결혼은 운수소관이다) *Merch.* 2.9.83.
- *Man and wife is* one flesh (남편과 아내는 일심동체이다) *Ham.* 4.3.54.

이런 식의 불일치는 존재를 나타내는 "there is . . .", "here is . . ."와 같은 구문에 많이 나타난다.

- Here's *France* and *Burgundy*, my noble lord (여기 프랑스 왕과 버건디 공작께서 오셨습니다, 전하) *Lear* 1.1.191.
- But there *is* two hard *things* (하지만 두 가지 난관이 있어) *MND.* 3.1.49.

- *Is Decius Brutus and Trebonius* there? (디시어스 브루터스와 트리보
니어스도 거기에 있소?) *Caes.* 1.3.148.
- there *is two or three Lords and Ladies* more married (두 세 쌍 더 결
혼한 귀족들이 있다) *MND.* 4.2.16.
- there *is* no more such *shapes* as he (저런 놈 같은 남자는 더 이상 없
다) *Temp.* 1.2.478.

2.7.2. 단수주어를 복수로 취급하는 경우

- Impatient of my absence, And grief that young *Octavius with Mark
Antony Have* made themselves so strong (내가 떠나 있어서 견딜 수
없었던 데다가 젊은 옥테이비어스와 안토니가 그렇게 강대한 세력을
차지하게 되어 근심이 사무쳤던가 보오) *Caes.* 4.3.153-4.
- Nor heaven nor *earth have* been at peace to-night (오늘밤에는 하늘
도 땅도 도무지 조용하지가 않구나) *Caes.* 2.2.1.

위의 첫 번째 예에서는 "Octavius with Mark Antony"의 Octavius가
논리적으로 볼 때 당연히 주어이기 때문에 동사를 단수로 일치시켜야 하겠
지만, with가 and의 의미를 가지고 있기 때문에 화자는 심리적으로 복수
로 인식하여 동사를 복수로 일치했고, 두 번째 예에서는 "Nor heaven nor
earth"의 earth가 주어이기 때문에 동사를 단수로 일치시켜야 하겠지만,
"nor A nor B", "or A or B", "A as well as B" 따위와 같은 상관어귀 구
문에서는 A와 B가 동시에 화자의 머리 속에 있기 때문에 화자는 심리적으
로 복수로 인식하여 동사를 복수로 일치했다.

2.7.3. 진주어 대신 동사에 가까운 (대)명사에 일치시키는 경우

주어와 동사가 떨어져 있고, 그 사이에 명사나 대명사가 있으면 동사는

가깝게 있는 그 명사나 대명사에 이끌리어 수나 인칭을 그것과 일치시키기
도 했다. 그리하여 동사가 진주어와 문법적으로 일치하지 않는 경우가 생긴
다.

- every *one* of these letters *are* in my name (이 글자들 모두가 내 이름
  속에 있는 글자다) *Twelf*. 2.5.153.
- The *posture* of your blows *are* yet unknown (그대의 공격 솜씨는 어
  떤지 아직 모른다) *Caes*. 5.1.33.
- Where *oxlips* and the nodding *violet grows* (앵초와 고개숙인 오랑캐
  꽃이 자라고 있는 곳) *MND*. 2.1.250.

2.7.4. 관계사절 안에서 동사와 그 선행사 사이의 인칭과 수의 불일치:

- I am no orator, as Brutus is; But, as you know me all, *a plain blunt
  man*, That *love* my friend (저는 브루터스 공 같은 웅변가가 아닙니다.
  여러분 모두 저를 알고 계시듯이, 저는 다만 친구를 사랑하는 평범하고
  우둔한 사람에 불과합니다) *Caes*. 3.2.222-3.

위의 문장에서 관계사절 안의 동사 "love"의 선행사는 "man"이므로 동
사를 단수로 일치시켜 "loves"로 하는 것이 어법상 타당하겠지만, 여기에
서 "man"은 그 앞에 나와 있는 "me"와 동격이므로 화자는 심리적으로
"man"을 "me"와 동일시하여 "me", 즉 "I"를 동사의 선행사로 생각하여
동사가 "love"로 된 것이다.

3. 어 순

3.1. 명사 + 형용사

3.1.1. 명사 + -ble, -ite, -ate, -ive, -al 로 끝나는 라틴계 형용사

현대 영어에서는 어떤 형용사가 어떤 명사를 수식할 때 그 형용사가 그 명사 앞에 오는 것이 원칙이고, 다만 "-thing"으로 끝나는 말을 수식하는 형용사는 수식하고자 하는 말 뒤에 온다. 그러나 셰익스피어 시대에는 형용사가 명사 뒤에 오는 경우도 많았다. 이것은 프랑스어의 영향을 받은 때문이라고 생각되는데, 특히 어미가 -al, -ble, -ite, -ate, -ive로 끝나는 라틴계의 형용사의 경우에 그런 일이 많다.

- sectary astronomical (점성학의 신도) *Lear* 1.2.164; lungs military (군인다운 허파) *Wiv*. 4.5.18.; blood royal (왕족의 피) *1H4*. 1.2.157.

3.1.2. 호격의 경우

호격의 명사를 수식하는 형용사가 그 명사 뒤에 오는 경우도 있다.

- My *lady sweet* (사랑스런 나의 여인) *Cym*. 2.3.29.
- my dearest *Thisby dear* (나의 가장 사랑하는 티스비씨) *MND*. 3.1.87.

3.1.3. 형용사 + 명사 + and + 형용사

두 개의 형용사가 하나의 명사를 수식하는 경우, 그 중의 하나에 "and"를 붙여 명사 뒤에 두는 일도 있다.

- An *honest* mind *and plain* (정직하고 솔직한 사람) *Lear* 2.2.105.
- He is a *noble* Roman *and well given* (그는 고결하고 성품이 훌륭한 로마인이다) *Caes.* 1.2.97.

3.1.4. 부정관사 + 형용사 + 명사 + and +부정관사 + 형용사

후치한 형용사의 앞에 부정관사를 반복해서 두는 경우도 있다.

- a very *valiant* Briton and *a good* (아주 용감하고 선량한 브리튼 사람) *Cym.* 4.2.369.
- an *honest* gentleman, *and a courteous*, *and a kind*, *and a handsome*, *and*, I warrant, *a virtuous* (정직하고, 예의바르고, 친절하고, 잘생기고, 그리고 확실히 덕 있는 신사) *Rom.* 2.4.56-8.

3.2. 형용사 + 소유대명사 + 명사

현대 영어에서는 소유대명사 + 형용사 + 명사의 어순이 일반적이지만, 셰익스피어 시대에는 소유대명사에 강세가 없는 경우(즉 강조되지 않는 경우) 수식하는 형용사가 그 소유대명사 앞에 오기도 했다.

- *good my* lord *Ham.* 1.2.169; 1.5.118; 2.2.546; 2.2.574; 3.1.90; 5.1.288; 5.2.224; *good my* brother *Ham.* 1.3.46; *Troil.* 4.3.3; *sweet my*

child *LLL*. 1.2.71; *Dear my* lord *Caes*. 2.1.255; *sweet my* coz *AYL*.
1.2.1.; *Good your* highness, patience *Ant*. 2.5.106.

3.3. 전유(轉喩)된 형용어구(transferred epithet)

수식어와 피수식어가 전도(轉倒)되어 있는 경우도 있다.

- *negligent danger* (=dangerous negligence, 위험한 방심) *Ant*. 3.4.81.
- *aged honour* (=honourable age, 존경받는 연륜) *All' s* 1.2.218.

3.4. 관사의 전치(轉置)

- What poor *an* instrument (정말 보잘것없는 도구) *Ant*. 5.2.236.
- You could not with more tame *a* tongue desire it (그렇게 미지근한
  말솜씨로는 그것을 얻을 수 없을 거야) *Meas*. 2.2.46.
- So new *a* fashion' d robe (그토록 새롭게 유행하는 옷) *John* 4.2.27.

Cf. 마지막 문장에서 new는 fashon' d를 수식하는 부사 역할을 함으로
현대영어에서라면 So new-fashioned a robe로 한다.

3.5. 관계사절 내에서의 전치(轉置)

관계사절 내에서 보어나 목적어 등을 강조하기 위해 동사와 어순을 바꾸
기도 한다.

- By Richard *that dead is* (고인이 된 리차드 왕에 의해) *1H4*. 1.3.146.
- But chide rough winter *that the flower hath killed* (그러나 꽃을 죽게
  한 차가운 겨울을 책망한다) *Lucr*. 1255.

3.6. 의문문의 어순: 동사 + 주어 . . . .?

현대 영어에서는 조동사가 없는 일반동사의 경우 조동사 "do"를 사용하
여 의문문을 만들지만, 셰익스피어 시대에는 그러한 방법 이외에도 조동사
"do"를 사용하지 않고 동사 + 주어.....?의 형태로 의문문을 만드는 경우가
많았다.

- Where *learned you* that oath? (어디에서 그러한 맹세의 말을 배웠습니
  까?) *AYL*. 1.2.65.
- *Knew you* not Pompey? (너희들은 폼페이를 모르느냐?) *Caes*. 1.1.42.
- *think you* to walk forth? (나가실 생각이옵니까?) *Caes*. 2.2.8.
- *Calls* your *worship*? (나리, 부르셨습니까?) *AYL*. 1.1.94.

3.7. 조건문과 양보문의 어순: 동사 + 주어 . . . .

현대 영어에서는 조건문이나 양보문의 경우 "Were I you"(=if I were
you), "Go where you will", "Be it ever so humble" 등과 같이 문어적
인 경우에 한하여 동사 + 주어의 어순이 사용되고 있지만, 셰익스피어 시대
에는 이런 어순이 구어에서도 꽤 자유롭게 사용되었다.

- He were no lion, *were* not *Romans* hinds (로마 시민들이 암사슴이 아
  니라면, 그가 사자는 되지 않을 것이오) *Caes*. 1.3.106.

- *Live thou*, I live (당신이 사시면 저 역시 살게 되옵니다) *Merch.* 3.2.61.
- We will do' t, *come what will come* (무슨 일이 닥치더라도 우리는 그것을 할 것이다) *LLL.* 5.2.112.

3.8. 부정문에서 "not"의 위치

현대 영어에서는 조동사가 없는 일반동사의 경우에 부정문을 만들 때 조동사 "do" 다음에 "not"을 놓아 부정문을 만들지만, 세익스피어 시대에는 이러한 방법 이외에도 일반동사 뒤에 "not"을 놓아 부정문을 만드는 예가 많다.

- But I *fear* him *not* (그러나 나는 그를 두려워하지 않는다) *Caes.* 1.2.198.
- O, *name* him *not* (오 그분은 거명하지 마시오) *Caes.* 2.1.150.
- *come not* near Casca; . . . *trust not* Trebonius; . . . Decius Brutus *loves* thee *not* (캐스커에게 가까이 가지 마시오; . . . 트레보니어스를 믿지 마시오; . . .디시어스 브루터스는 그대를 사랑하지 않소) *Caes.* 2.3.2-4.

목적어가 있는 경우에 "not"을 목적어 앞에 둘 것인가 아니면 목적어 뒤에 둘 것인가는 그 목적어의 길이에 의해 결정된다. 즉, 목적어의 길이가 비교적 길면 "not"을 목적어 앞에 두고, 목적어가 "me", "thee", "him" 따위처럼 비교적 짧으면 그 목적어 뒤에 "not"을 둔다. 그러나 다음 예에서 보는 바와 같이 "me" 앞에 not이 오는 예도 있다.

- Brutus, *bait not me* (브루터스 공, 나를 못살게 굴지 마시오) *Caes.* 4.3.28.

- *Tell not me* (나에게 잔소리 말게) *Temp.* 3.2.1.

또 "not"을 동사 앞에 놓아 부정문을 만드는 예도 있다.

- she *not denies* it (그녀는 그것을 부정하지 않는다) *Ado.* 4.1.175
- For who *not needs* shall never lack a friend (궁하지 않은 자는 친구가
  모자라는 일이 없다) *Ham.* 3.2.217.
- I *not doubt* He came alive to land (틀림없이 그분은 무사히 상륙하셨
  을 것입니다) *Temp.* 2.1.121.

4. 생 략(省略)

셰익스피어의 작품들, 그 중에서도 특히 그의 희곡들은 그 당시의 구어 (口語)를 많이 사용하면서 또한 시(詩)의 형태를 취하고 있기 때문에 그 언어에 생략이 많다. 게다가 표현을 간결히 하여 함축미를 나타내고자 한 작가 자신의 의도도 있어서 생략은 더욱 더 많다.

4.1. 주어의 생략

오늘날에도 속담, 광고, 게시, 인사 등의 표현에서 주어가 생략되는 일이 있지만, 셰익스피어 영어에서는 생략된 주어가 무엇인지를 알 수 있으면 오늘날에서보다도 훨씬 더 광범위하게 주어가 생략됐다.

- What hast (thou) here? (여기에 무엇을 가지고 있소?) *Wint.* 4.4.262.
- Why speak' st (thou) not? (왜 말하지 않느냐?) *Cor.* 4.5.59.
- Art (thou) any more than a steward? (넌 집사가 아니고 그 이상이란 말이냐?) *Twelf.* 2.3.122.
- then (thou) cam' st in smiling (그때 당신이 미소를 지으면서 나타났어요) *Twelf.* 5.1.357.

위의 예문에서는 2인칭 동사어미 "-st"가 있으므로 그것에 의해 주어가

2인칭, 즉 thou인 것을 알 수 있으므로 주어가 생략된 경우라고 볼 수 있다.

- Do not torment me, *prithee* (=I pray thee)(제발, 날 못살게 굴지마) *Temp.* 2.2.74.
- (I) *Beseech you*, give me leave to retire myself (저는 이만 물러날까 하옵니다) *Cor.* 1.3.30.
- (I) pray thee (제발) *Temp.* 2.1.1.
- (I) pray you (제발) *AYL.* 4.3.76.
- (It) shall not be long but I'll be here again (머지 않아서 이곳을 다시 찾겠습니다) *Mac.* 4.2.23.
- I am very sure, if they should speak, (They) Would almost damn those ears (내 장담하지만, 그런 자들이 입을 열었다 하면 그것을 들은 귀를 천벌받게 할거야) *Merch.* 1.1.97.
- I know the gentleman; and, as you say, There (he) was a' gaming (나는 그분을 알고 있소. 그리고 당신 말처럼 그는 도박을 하고 있었소) *Ham.* 2.1.58-9.

4.2. 술어동사의 생략

4.2.1. 공통관계에 의한 생략:

문장을 간결하게 하기 위해 공통관계에 있는 것을 생략하는 수사적 생략으로 오늘날의 영어에서도 흔히 볼 수 있다.

- but were I Brutus, And Brutus Antony (만약 내가 브루터스이고, 브루터스가 안토니라면) *Caes.* 3.2.231.

4.2.2. 동작동사의 동사의 생략:

흔히 운동을 나타내는 동사는 그 운동의 방향이나 장소를 나타내는 부사나 전치사와 결합하여 표현하고자 하는 의미를 완결시킨다. 따라서 부사나 (전치사와 결합된)부사구의 의미에 의해 그 동작을 유추할 수 있게 되는데, 그런 경우에 동작동사가 흔히 생략된다.

- We must (go) out and talk (우리는 밖으로 나가서 이야기해야 합니다) *Caes*. 5.1.22.
- This way will I (go) (나는 이 길로 가겠소) *Caes*. 1.1.69.
- let' s (go) away (갑시다) *Caes*. 5.5.80.
- He purposeth (to go) to Athens (그 분은 아테네로 가실 의향이시다) *Ant*. 3.1.35.
- Bid them all (go) home (그들 모두에게 집으로 가라고 하시오) *Cor*. 4.2.1

이러한 생략구문은 상당히 빈번하게 사용된다. *Julius Caesar*에 나오는 다음의 예들을 보면 이러한 생략구문이 얼마나 자주 사용되는지 잘 알 수 있다.

I' ll (go) about; And every man (go) hence to his idle bed; Caesar shall (go) forth; Or shall we (go) on?; I will myself (go) into the pulpit first; Thou shalt not (go) back; Revenge! (Go) About!; And, thither will I (go) straight to visit him; Companion, (go) hence; We' ll (go) along ourselves; Early tomorrow will we rise and (go) hence.

4.3. It is, there is, 및 be 동사의 생략

- I cannot give guess how near (it is) to day (날이 밝기까지 얼마나 남
  았는지 도무지 짐작할 수가 없구나) *Caes.* 2.1.2.
- And (it is) wisdom To offer up a weak poor innocent lamb (그리고
  연약, 가련하고, 죄 없는 어린 양을 제물로 바치는 것은 현명한 일이오)
  Mac. 4.3.16.
- (There is) no one in this presence But his red colour hath forsook
  his cheeks (볼에 붉은 빛을 띤 사람은 여기에 한 사람도 없습니다) *R3.*
  2.1.84.(no one but과 관련된 구문에서 생략되는 경우가 많다)
- and we ourselves (are) compelled To give in evidence (그리고 우리
  자신은 증거를 제시하지 않을 수 없다) *Ham.* 3.3.62.

4.4. It과 there의 생략

- (there) is nothing but heart-sorrow, And a clear life ensuing (진정한
  참회와 앞으로 깨끗한 생활을 하는 것 밖에 없소) *Temp.* 3.3.82.
- At the Elephant (it) is best to lodge (코끼리 여관에서 유숙하는 것이
  제일 좋습니다) *Twelf.* 3.3.40.
- So please (it) him (to) come unto this place (그 분이 기꺼이 여기에
  오신다면) *Caes.* 3.1.140. (please 앞에서 it이 생략되는 일이 많다)
- (It) remains That in the official marks invested you Anon do meet
  the Senate (직함을 나타내는 휘장을 걸치고 즉시 원로원을 찾아뵙는
  일 만이 남아 있소이다) *Cor.* 2.3.147-9.
- he frets That Lepidus of the triumvirate Should be deposed; and, (it)
  being (so), that we detain All his revenue (삼두정치체제에서 한 몫을

담당했던 레피더스를 제거하고, 그렇게 함으로써 그의 수입 전부를 우리가 차지했다고 해서 그가 분개하고 있네) *Ant.* 3.6.30.(it being 혹은 being so의 it 혹은 so가 생략 되는 일이 종종 있다)

4.5. 최상급 굴절어미의 생략

- The *generous*(=most generous) and gravest citizens (가장 고귀하고 또한 가장 정중한 시민들) *Meas.* 4.6.13.
- The *humble*(=humblest) as the proudest sail doth bear (가장 훌륭한 돛은 물론 가장 하찮은 돛도 포용하고) *Sonn.* 80.

4.6. Nor 앞에서 neither, (an)other 앞에서 one의 생략

- (Neither) He nor that affable familiar ghost (그도 아니고 또한 그 정답고 친숙한 유령도 아닌) *Sonn.* 86.
- But (neither) my five wits nor my five senses can Dissuade one foolish heart from serving thee (그러나 나의 지력도 또한 나의 오감도 어리석은 마음이 그대를 섬기는 것을 막지 못한다) *Sonn.* 141.
- A thousand groans . . . Came (one) on another's neck (그대의 목을 생각하면 . . . 무수한 고통의 신음이 튀어 나왔다) *Sonn.* 131.

4.7. 대조적 문장에서의 생략

- What most he *should* dislike *seems* pleasant to him, What (he should) like, (seems) offensive (나리께서 가장 싫다고 하셔야 마땅할

것을 좋다 하시고, 좋아하셔야 마땅할 것을 언짢다 하시는 듯 하옵니
다) *Lear* 4.2.20.

- To know our enemies' minds we' ld rip their hearts: (To rip) Their
papers is more lawful (적의 심중을 알기 위해선 적의 심장이라도 찢
어야 한다. 그러니 놈들의 편지를 뜯어보는 것쯤은 더 합법적이다)
Lear 4.6.266.

- To be acknowledg' d, madam, is (to be) overpaid (마마, 그렇게 알아
주시는 것만으로도 과분하옵니다) *Lear* 4.7.4.

- I then did feel full sick, and yet (do feel) not well (내가 여태껏 고민
했지만 아직도 치료되지 않았다) *H8.* 2.4.205.

- She was beloved, she loved; she is (beloved) and doth (love) (그녀
는 사랑을 받았고 또 사랑을 했습니다. 지금도 사랑을 받고 또 사랑을
합니다) *Troil.* 4.5.292.

4.8. 관사의 생략

4.8.1. 부정관사의 생략

a) what으로 시작하는 감탄문에서 부정관사가 이따금 생략되기도 한다.

〈생략된 경우:
- *what* (a) night is this! (대체 무슨 밤이 이렇소!) *Caes.* 1.3.42.
- *What* (a) dreadful noise of water in mine ears! (귓전을 울리는 정말
무서운 파도 소리!) *R2.* 1.4.22.

〈생략되지 않은 경우:
- *What a* fool is she! (그녀는 정말 바보이다!) *Gent.* 1.2.53.

- *What a* fearful night is this! (이 얼마나 무서운 밤인가!) *Caes*. 1.3.137.

b) ever나 never의 뒤에서 부정관사가 생략되는 일이 많다.

〈생략된 경우:

- *Never* to speak to (a) lady (여성에게 말해서는 안 된다) *Merch*. 2.1.41.
- who *never* Yield us (a) kind answer (우리에게 친절한 대답을 하지 않는다) *Temp*. 1.2.309.

〈생략되지 않은 경우:

- I have *ne'er* a tongue in my head (내 머리 속에는 도대체 내 자신을 내세울 헛바닥이 없다) *Merch*. 2.2.166.
- *never a* woman in Windsor knows more of Anne's mind (윈저에서 나만큼 앤의 마음을 아는 여자는 없다) *Wiv*. 1.4.136.

be 동사의 보어로서 주어의 속성을 나타내는 형용사적 성격을 띤 명사에는 부정관사가 생략된다.

- as I am (a) *true knight* (내가 진짜 기사인 것처럼) *Twelf*. 2.3.55.
- I am (a) *dog* at a catch (받는 것에는 개처럼 능숙하다; 돌림 노래에는 능숙하다) *Twelf*. 2.3.64.
- I must still be (a) *good angel* to thee (나는 항상 너의 수호신이어야 한다) *1H4*. 3.3.200.

c) as, like, than 다음에서 부정관사 혹은 정관사가 때때로 생략되기도 한다.
- As *falcon* to the lure away she flies (휘파람 소리들은 매처럼, 여신은

날아간다) *Ven.* 1027.

- The why is plain as *way* to parish church (그 이유야 뻔하죠. 마을 교회로 가는 길이 뻔하듯이) *AYL.* 2.7.52.
- creeping like *snail* (달팽이처럼 느릿느릿 기어가듯 하고) *AYL.* 2.7.146.
- sighing like *furnace* (용광로처럼 한숨지면서) *AYL.* 2.7.148.
- And like unletter' d *clerk* (그리고 무식한 목사처럼) *Sonn.* 85.
- More tuneable than *lark* to shepherd' s ear (양치기의 귀에는 종달새 소리보다 더 아름답다) *MND.* 1.1.184.

d) some의 의미를 갖는 a little의 'a' 가 생략되기도 한다.

- O, do not swear; Hold *little*(=a little) faith, though thou hast too much fear (그만 맹세하세요. 아무리 겁이 많더라도 조금은 자신을 가져보세요) *Twelf.* 5.1.174.

4.8.2. 정관사의 생략

a) 전치사 at 다음에서 정관사가 생략되는 일이 많다

〈생략된 경우:.
- Go thrust him out at (the) gates (그 놈을 문 밖으로 내 쫓아라) *Lear* 3.7.93.
- Who knocks so loud at (the) door? (이렇게 시끄럽게 문을 두드리는 사람은 누구일까?) *2H4* 2.4.381.
- He fell down in the market-place, and foamed at (the) mouth, and was speechless (그는 광장에서 쓰러져서, 입에 거품을 내뿜으며 말도 하지 못했소) *Caes.* 1.2.254.

〈생략되지 않은 경우:

- I will hear you, Master Fenton; and I will *at the least* keep your counsel (어디 좀 들어봅시다, 펜톤씨. 당신한테 들은 것은 조금도 누설하지 않겠습니다) *Wiv.* 4.6.7.
- And happily I have arrived *at the last* Unto the wished haven of my bliss (나는 마침내 다행히도 소망대로 행복의 항구로 도착했소) *Shr.* 5.1.130.

b) 전치사 of의 앞에 있는 명사에 붙는 정관사는 생략되는 일이 많다.

- Sink in (the) apple of his eye (그의 눈동자에 스며들지어다) *MND.* 3.2.104.
- in (the) table of my heart (나의 마음의 화판(畵板)에) *Sonn.* 24.2.
- in (the) shadow of such greatness (그 위대함의 그늘에 숨어서) *2H4.* 4.2.15.

c) 일반적으로 전치사구에서 정관사가 생략되는 일이 많다.

- Since death of my dearest mother (어머니께서 돌아가신 이래) *Cymb.* 4.2.190.
- At heel of that, defy him (그리고 나서 즉시 그에게 도전을 하겠소) *Ant.* 2.2.160.
- In absence of thy friend (자네의 친구가 없는 동안에) *Gent.* 1.1.59.
- Thy beauty's form in table of my heart (그대의 미모를 내 가슴의 화판(畵板)에) *Sonn.* 24.
- To cabin (선실로 가세요) *Temp.* 1.1.17.

4.9. 관계대명사의 생략

4.9.1. 의문사로 시작하는 의문문에서의 생략

who, what 등의 의문사로 시작하는 문장에서는 관계대명사 who, which가 생략된다.

- Who is he (who) comes here? (이쪽으로 오는 분이 누구요?) *Merch.* 1.3.40.
- What' s he (who) comes here? (이쪽으로 오는 사람은 무엇 하는 사람인고?) *All' s.* 1.2.17.

4.9.2. I have, I see, I know로 시작하는 문장에서의 생략

I(you, he etc.) have, I see, I know 등으로 시작하는 문장에서는 관계대명사 who, which가 생략되는 경우가 많다.

- He hath an uncle here in Messina (who) will be very much glad (메시나에 그 분의 백부가 계신다지요, 그 분은 매우 기뻐하시겠지요) *Ado* 1.1.15.
- I have words to speak in thine ear (which) will make thee dumb (자네에게 들려 줄 말이 있는바, 들어보면 놀라서 기가 막힐 이야기일세) *Ham.* 4.6.25.
- I have a brother (who) is condemn' d to die (저에게는 사형선고를 받은 오빠가 있습니다) *Meas.* 2.2.34.
- I have a mind (which) presages me such thrift That I should questionless be fortunate (내가 반드시 성공하여 행운을 차지하게 될

거라는 예감이 든단 말이오) *Merch*. 1.1.176.

- I see a friend (who) will save my life (나의 생명을 구해 줄 친구가 있습니다) *Err*. 5.1...283.

- I know a man that had this trick of melancholy (which) sold a goodly manor for a song (이런 우울증의 특징을 가진 사람으로, 노래 한 곡 때문에 장원을 팔아버린 사람을 저는 알아요) *All's* 3.2.9.

4.9.3. that which에서 which의 생략

that가 관계대명사 what의 의미로 사용되는 예가 세익스피어에는 많은데, 이것은 that which에서 관계대명사 which가 생략된 것이라고 볼 수 있다.

- You have done *that* you should be sorry for (당신은 후회해야 할 일을 했소) *Caes*. 4.3.65.

- I earn *that* I eat, get *that* I wear (나는 먹을 것과 입을 것을 일해서 얻습니다) *AYL*. 3.2.77.

- 'Tis strange, my Theseus, *that* these lovers speak of (이 연인들이 하는 얘기는 이상하군요, 티시우스님) *MND*. 5.1.1.

- Whose hand is *that* the forest bear doth lick?(숲 속의 곰이 핥는 것은 그 자의 손일까요?) *3H6*. 2.2.13.

Cf. 선행사와 관계대명사가 모두 that인 경우도 있다.

- Mark but my fall, and *that that* ruin'd me (나의 몰락만을, 나를 파멸시킨 것만을 주의해서 살펴보게) *H8*. 3.2.439.

- Pursuing *that that* flies, and flying what pursues (쫓으면 사라지고, 사라지면 쫓는 것) *Wiv*. 2.2.216.

4.10. 부정사 표시의 "to"의 생략

4.10.1. 운동동사 뒤에서의 생략

go, come 등처럼 운동을 나타내는 동사 뒤에서는 원형부정사가 사용되었다. 예를 들면, 현대영어에서는 go to see 혹은 go and see하는 것을 세익스피어의 영어에서는 go see라고 했다. 그리고 그러한 언어 습관이 아직도 남아 있는 미국 구어에서는 오늘날에도 go to see 대신 go see, come to see 대신 come see와 같은 식으로 말하기도 한다.

- I will *go seek* the king (전하를 찾아뵈러 가야겠다) *Ham.* 2.1.201.
- *Go find* him out(가서 그 사람을 찾으시오) *AYL.* 2.7.133.
- Will you *go see* the order of the course? (경주의 진행 상황을 가서 보시렵니까?) *Caes.* 1.2.25.
- *Go draw* aside the curtain and discover The several caskets to this noble prince (가서 커튼을 옆으로 젖히고 상자 하나 하나를 여기에 계시는 고귀하신 영주 님께 보여 드려라) *Merch.* 2.7.1.
- We' ll *come dress* you straight (곧장 가서 옷을 입혀 드리죠) *Wiv.* 4.2.84.

4.10.2. see you etc. 뒤에서의 생략

see you, see thou, look you, look thou 등의 뒤에서도 원형부정사가 온다.

- By some illusion *see thou bring* her here (뭔가 환상으로라도 홀려서 그녀를 여기로 꼭 데려오너라) *MND.* 3.2.98.

- About the wood go swifter than the wind, And Helena of Athens *look thou find* (바람보다 빨리 숲 속을 돌아다녀, 아테네의 헬레나를 찾아내도록 하라) *MND*. 3.2.95.
- good Cinna, take this paper, And *look you lay* it in the praetor's chair (시너 공, 이 편지를 가지고 가서 대법관의 의자에 놓으시오) *Caes*. 1.3.143.

4.10.3. had rather . . . than의 뒤에서의 생략

had rather . . . than 다음에 부정사가 오는 경우, 그 부정사에는 to가 있는 경우도 있고, 또 to가 없는 경우도 있다.

〈to가 있는 경우:
- Brutus had rather be a villager Than *to repute* himself a son of Rome Under these hard conditions as this time Is like to lay upon us (브루터스는 차라리 성 밖에 사는 촌부가 되고 싶소. 이 시대가 우리에게 과하게 될 그 압제 아래에서 스스로 로마의 아들이 된 명성을 누리기보다는) *Caes*. 1.2.172-3.

〈to가 없는 경우:
- I had rather wink than *look* on them (나 같으면 차라리 그런 건 보지 않고 눈을 감을 테야) *Gent*. 5.2.14.

Cf. had rather의 바로 다음에 to가 있는 부정사가 오는 경우도 있다.

- I had rather *to adopt* a child than get it (저런 자식을 두기보다는 차라리 양자를 들이는 편이 더 좋겠습니다) *Oth*. 1.3.191.

Cf. 사역동사나 지각동사의 목적보어에 to가 있는 부정사를 사용하기도
했다.

- that made me *to fear* (그것이 나를 두렵게 만들었습니다) *Tit.* 4.1.21.
- what would you have me *to do*? (나에게 원하는 것이 무엇이요?) *All's*
  5.2.30.
- Beshrew that heart that makes my heart *to groan* (내 마음을 신음케
  한 저 마음에 저주가 내려라) *Sonn.* 133.1.
- Who heard me *to deny* it or forswear it? (내가 그것을 부정하거나 맹
  세하는 것을 누가 들었소?) *Err.* 5.1.25.
- I saw her coral lips *to move* (나는 그녀의 산호 같은 입술이 움직이는
  것을 보았소) *Shr.* 1.1.179.

4.11. 전치사의 생략

4.11.1. 관계사절 안에서의 전치사 생략

- A gift of all (of which) he dies possess'd (죽음에 임했을 때 그가 소
  유하고 있는 일체의 재산) *Merch.* 4.1.389.
- Most ignorant of what he's most assured (of) (자기가 확신하고 있는
  것을 전혀 모르고) *Meas.* 2.2.119.
- Err'd in this point (in) which now you censure him (지금 그 사람한
  테 선고하신 그런 일을 저질러서) *Meas.* 2.1.15.
- In this (of) which you accuse her (전하께서 그녀에 대해 비난하시는
  이 일에서) *Wint.* 2.1.133.

4.11.2. 기타의 경우의 전치사 생략

현대영어에서는 전치사가 있지만 세익스피어의 영어에서는 그 전치사가 없는 예가 많다. 거기에는 현대영어에서는 자동사적으로 쓰이는 것이 세익스피어 시대에는 타동사적으로 쓰였기 때문인 경우, 부사적 목적격으로 쓰인 경우, 운율(韻律) 때문에 생략된 경우 등 여러 경우가 있다.

- *Beware* (of) the ides of March (3월 15일을 조심하시오) *Caes.* 1.2.18.
- Cf. Caesar, *beware of* Brutus (시저여, 부루터스를 조심하시오) *Caes...* 2.3.1
- Come not *near* (to) our fairy queen (선녀 왕 가까이 오지 말아라) *MND.* 2.2.12.
- Cf. *Near to* the town of Leicester (레스터 읍 부근에) *R3.* 5.2.12.
- Gave *it* (to) a judge's clerk! no, God's my judge (그것을 재판관의 서기에게 주셨다고요! 핏, 하나님은 아시겠지) *Merch.* 5.1.157.
- Cf. In faith, I gave *it to* the judge's clerk (참말이지 그것을 재판관의 서기에게 주었다니까 그래) *Merch.* 5.1143.
- few in millions Can speak *like* us (우리처럼 말할 수 있는 사람은 백만 명 중에 극소수입니다) *Temp.* 2.1.8.
- Cf. So we grew together, *Like to* a double cherry, seeming parted (그렇게 우리 둘은 함께 자랐다. 마치 쌍앵두가 서로 떨어진 듯 보이지만) *MND.* 3.2.209.
- upon this side (of) the sea (바다의 이쪽 편에) *John* 2.1.488.
- at either end (of) the mast (돛대의 양 끝에) *Err.* 1.1.86.
- On this side (of) Tiber (타이버 강의 이쪽 편에) *Caes.* 3.2.254.
- *Listen* (to) great things (중대한 일에 귀를 기울이시오) *Caes.* 4.1.41.
- you *list* (to) his songs (너는 그의 달콤한 노래에 귀를 기울인다) *Ham.* 1.3.30

- But ere we could *arrive* (at) the point proposed (그러나 우리가 목적지에 도달하기 전에) *Caes*. 1.2.110.
- He hath been all day to *look* (for) you (그 분은 온종일 당신을 찾고 계셨습니다) *AYL*. 2.5.34.
- give me leave to *speak* (of) him (그 분에 관해 이것만은 말해 둬야겠어요) *H8*. 4.2.32.

5. 명 사

5.1. 소유격

5.1.1 명사 + his

명사 다음에 "his"를 붙여 그 명사의 소유격처럼 사용하는 경우가 종종 있다.

- *the King his* son' s alive (왕자는 살아 있다) *Temp*. 2.1.236.
- *the count his* gallies (백작의 전함) *Twelf*. 3.3.26.
- *King Lewis his* satisfaction (루이 왕의 만족) *H5*. 1.2.88.

"–' s"와 "his"가 동시에 사용된 경우도 있다

- an if my brother had my shape, And I had his, sir Robert' s *his*, like him (만약 아우가 내 모습과 비슷하고, 내가 아우처럼 로버트 경의 모습과 닮았다면) *John* 1.1.139.

5.1.2. 무생물 + 's

오늘날의 영어에서는, 's를 붙여 소유격을 만드는 것은 사람이나 동물에 한하고, 무생물의 경우에는 of + 명사의 형식으로 소유관계를 나타내는 것이 원칙이되, 다만 시간, 거리, 가격, 중량 등을 나타내는 명사, 혹은 의인화된 무생물, 또는 by a hair's breadth, at one's wit's end, for pity's sake 등과 같은 일종의 관용표현의 경우에는 무생물이라도 's를 붙인다. 그러나 셰익스피어 시대에는 오늘날의 영어에서 보다 훨씬 더 광범위하게 's가 사용되었다.

- your *house's* guest (당신 집의 손님) *LLL*. 5.2.354.
- high *Taurus'* snow (높은 토러스 산의 눈) *MND*. 3.2.141.
- in the *cedar's* top (삼나무 꼭대기에) *R3*. 1.3.264.

5.2. 수 : 복수 수사 + 단수 명사

셰익스피어 시대에는 시간, 거리, 중량 등을 나타내는 명사의 경우 복수어미 –s를 취하지 않는 경우도 많았다. 예: ten *pound*, ten *mile*, ten *year*, ten *foot* 등. 또 어떤 명사의 경우에는 때로는 단수 형태로 또 때로는 복수형태로 사용하고 있다. funeral과 knee를 예로 들면 다음과 같다:

- His *funerals* shall not be in our camp (그의 장례식이 우리 진영에서 치러져서는 안 될 것이오) *Caes*. 5.3.105.
- . . . And in the pulpit, as becomes a friend, Speak in the order of his *funeral*. . . . .You know not what you do: do not consent That Antony speak in his *funeral* (그의 장례식의 절차를 행할 때 연단에서 한 사람의 친구로서 추도사를 하도록 허용해달라는 것이오. . . .당치않은 처사요. 장례식에서 안토니가 추도사를 하도록 허용해서는 아니 되오) *Caes*. 3.1.230-3.
- fall upon your *knees* (무릎을 꿇어라) *Caes*. 1.1.58.

- upon my *knees*, I charm you (나는 무릎을 꿇고 간청하옵니다) *Caes*.
2.1.270.
- Let me, upon my *knee*, prevail in this (무릎을 꿇고 간청하오니 이것
만은 제 뜻을 따라 주소서) *Caes*. 2.2.54.
- and on her *knee* Hath begg'd that I will stay at home to-day (내가
오늘은 집에 머물러 있어야 한다고 그녀는 무릎을 꿇고 간청하고 있소)
Caes. 2.2.81.

5.3. 추상명사

5.3.1. 보통명사화

세익스피어 시대에는 추상명사가 부정관사를 취하거나 혹은 복수형태의
꼴을 취하는 일없이 그대로 보통명사로 전환되어 사용되는 일이 많았다.

- *Frailty*, thy name is woman! (약한 자여, 그대 이름은 여자이니라!)
Ham. 1.2.46.
- till *necessity* be served (배고픈 사람에게 먹일 때까지) *AYL*. 2.7.89.
- *Competency* lives longer (도를 지키는 자가 더 장수합니다) *Merch*.
1.2.9.
- And it is *marvel* he out-dwells his hour (그가 약속시간에 늦다니 참
이상한 일이군) *Merch*. 2.6.3.

5.3.2. 추상적 의미를 나타내는 추상명사의 복수형

추상적 의미를 나타내기 때문에 오늘날의 영어에서라면 복수형으로 하지
않을 명사를 복수형으로 하는 경우가 세익스피어 작품에는 많다.

- Our *youths* and wildness shall no whit appear (우리의 젊은 혈기와 거친 행동은 조금도 그 모습을 드러내지 않을 것이오) *Caes.* 2.1..148. (*youths* = youthfulness)
- Cowards die many times before their *deaths* (비겁한 자는 죽기 전에 여러 번 죽는다) *Caes.* 2.2.32. (*deaths* = death)

6. 대명사

6.1 인칭대명사

6.1.1. thou와 you

일반적으로 thou는 (1) 친구나 형제 혹은 연인 사이에 애정이나 친밀감을 나타낼 때, (2) 주인이 기분이 좋은 상태에서 허물없이 하인에게 말할 때, (3) 낯선 사람에게 모욕이나 경멸 혹은 분노나 질책 또는 조롱 등의 감정을 나타낼 때, (4) 보다 더 시적인 스타일 및 엄숙한 기도에 사용되고, you는 아들이 아버지에게 말하거나 하인이 주인에게 말할 때처럼 격식을 차려 비교적 정중하게 말할 때 사용되는 것이 보통이었다. 따라서 you를 사용하여 말을 하다가 갑자기 thou를 사용하여 말하던가 또는 그 반대로 thou를 사용하다가 돌연 you를 사용하여 말하는 경우에는 화자의 감정에 변화가 있음을 나타낸다. 이제 각각의 경우를 구체적으로 살펴보자.

　(1) 아버지가 자식에게 말할 때는 거의 항상 thou를 사용하고, 자식이 아버지에게 말할 때는 you를 사용한다. *King Lear*에서 리어왕이 세 딸에게 왕국을 분할해 나누어 줄 때 리어왕과 세 딸 사이의 대화를 보자. 세 딸 가운데 누가 자기를 제일 사랑한다고 말할 수 있느냐는 리어왕의 질문에 첫째 딸 거너릴은 아버지 리어왕을 you라고 호칭하며 이렇게 과장하여 대답한다.

- Sir, I love *you* more than word can wield the matter . . . Beyond all manner of so much I love *you* (전하, 소녀는 말로서는 표현할 수 없을 만큼 아바마마를 사랑하옵고 . . . 온갖 척도를 능가할 만큼 아바마마를 사랑하옵니다) 1.1.54-60.

리어왕은 거너릴을 thou의 목적격(thee)과 소유격(thine)을 사용하여 호칭하며 이렇게 말한다.

- make *thee* lady: to *thine* and Albany's issues Be this perpetual. (과인은 너를 그 영토의 주인으로 삼겠다. 이것은 영원히 너와 올버니와의 자손의 것이다.) 1.1.66-7.

막내딸 코딜리어가 대답할 차례가 되었을 때, 아첨의 말을 할 줄 모르는 코딜리어는 이렇게 대답한다.

- . . . . I love your Majesty According to my bond; no more nor less (소녀는 소녀에게 지워진 의무에 따라 전하를 사랑할 뿐 그 이상도 그 이하도 아니옵니다) 1.1.91-2.

자기가 가장 사랑하는 막내딸 코딜리어로부터 가장 큰 사랑의 표현을 기대했지만 너무나도 기대 밖의 대답을 듣고 어이가 없어진 리어왕은 지금까지의 허물없고 친밀한 태도를 바꾸어 정색하며 격식을 차린 말투로 말한다. 그래서 코딜리어를 부르는 호칭이 thou가 아니라 you로 된다.

- How, how, Cordelia! Mend *your* speech a little, Lest *you* may mar *your* fortunes. (뭐라고? 코딜리어! 네 말을 좀 고치거라, 네 재산이 손해를 입지 않도록 말이다.) 1.1.93-4.

　부부 사이의 호칭은 thou와 you가 모두 사용된다. 격식 없이 가벼운 애기를 할 때는 thou를 사용하고, 진지한 애기를 할 때는 you를 사용하는 것이 보통이다. 그리고 품위 있는 언행을 하는 상류가정의 부부간의 호칭으로서는 you가 보통이다(그래서 *Julius Caesar*에서 Brutus와 Portia, Caesar와 Calpurnia 사이에서는 서로 상대방을 you를 사용하여 호칭한다). Hotspur가 자기 아내에게 하는 다음의 대화를 보면, 허물없는 내용일 때는 아내를 thou라고 호칭하지만, 진지한 내용일 때는 you라고 호칭함을 알 수 있다.

> Come, wilt *thou* see me ride?
> And when I am a-horseback, I will swear
> I love *thee* infinitely. But hark you, Kate:
> I must not have *you* henceforth question me
> Whither I go, nor reason whereabout.
> Whither I must, I must, and to conclude,
> This evening must I leave *you*, gentle Kate.
> I know *you* wise, but yet no farther wise
> Than Harry Percy' s wife; constant *you* are,
> But yet a woman; and for secrecy,
> No lady closer, for I well believe
> *Thou* wilt not utter what *thou* dost not know,
> And so far will I trust *thee*, gentle Kate.
>
> 그럼 자, 내 출진을 전송해 주겠나?
> 말 등에 올라앉고 나면, 내가 무한히 당신을 사랑하고 있다고
> 맹세해 주지. 허지만 이봐 케이트,
> 내가 어디를 가는지, 무슨 일로 가는지,
> 그런 걸 다시는 묻지 않기로 약속해 줘.

가야 할 곳엔 무슨 일이 있어도 가봐야 하니 말야.

그리고 결론을 말하면, 케이트, 우리는 오늘 저녁 헤어져야만 하게 됐어.

당신은 원래 현명한 여자지. 허지만 해리 퍼시의 아내로는

아직도 현명함이 부족하지. 그리고 당신은 정숙한 여자지만,

그래도 역시 여자지. 허나 비밀을 지킨다는 점, 이 점에 있어서는

당신만큼 믿음직한 여자는 세상에 없을 거요. 그거야 그럴 수밖에.

알지 못하는 일을 설마 입 밖에 낼 수야 없을 거니까요.

그 정도에 있어서는 나는 당신을 믿고 있지, 케이트! *1H4*. 2.3.96-108

　　*The Mechant of Venice*에서 친구 사이인 Bassanio와 Gratiano가 나누는 다음의 대화에서 대화 내용에 따른 분위기가 변함에 따라 상대방에 대한 호칭도 you에서 thou로 변함을 알 수 있다.

    Gra.　I have suit to *you*.

    Bass.　　　　　　　　　*You* have obtain' d it.

    Gra.　*You* must not deny me, I must go with *you* to Belmont.

    Bass.　Why then *you* must - But hear *thee* Gratiano,

        Thou art too wild, too rude, and bold of voice,

        Parts that become *thee* happily enough,

        And in such eyes as ours appear not faults -

        But where *thou* art not known; - why there they show

        Something too liberal, - pray *thee*, take pain

        To allay with some cold drops of modesty

        Thy skipping spirit, lest through *thy* wild behaviour

        I be misconst' red in the place I go to,

        And lose my hopes.

(그래) 공에게 청이 하나 있네.

(버사)　　　　　　자네 청이라면 들어줌세.

(그래) 거절하지 말게, 나는 꼭 자네와 함께 벨몬트에 가야 하겠으니.

(버사) 아니, 그렇다면 가야지 - 하지만 내 말 좀 들어보게 그래

시아노, 자네는 너무 난폭하고, 무례하며, 말을 너무 거침없이 해버리네.

하기야 그것은 자네 천성에는 썩 잘 어울리는 것이고,

우리 같은 사람의 눈으로 보면 아무 것도 나무랄 것이 없네 -

그러나 자네를 잘 모르는 곳에서는, - 그래 그곳에서는 다소 지나치게 방

자해 보일 걸세, - 부탁이니 노력해주게, 절제라는 싸늘한 냉수 몇 방울

로 자네의 그 천방지축으로 날뛰는 쾌활한 성품을 조절하도록, 자네 그

거친 거동으로 인해 내가 가려는 곳에서 나까지 오해받고, 그래서 내가

소망하는 바를 잃어서는 안 될 테니 말일세. 2.2.169-180.

(2) 주인이 허물없이 친밀하게 하인을 호칭할 때는 thou라고 하는 것이 일반적이지만, 나무라거나 비난할 때는 you라고 호칭하기도 한다.

Julia In what you please; I' ll do what I can.

Prot. I hope *thou* wilt. [*to Launce*] How now, *you* whoreson peasant,

Where have *you* been these two days loitering?

(줄리어) 뭐든지 시키세요, 할 수 있는 데까지 해 보겠어요.

(프로티어스) 아, 그럼 부탁하겠다. [란스에게] 이 빌어먹을 녀석아!

이틀씩이나 어딜 그렇게 빈둥거리고 다녔어? *Gent*. 4.4.39-41.

sir라는 칭호가 사용될 때는 thou 대신 you가 사용되는 것이 일반적이다.

For *you*, most wicked *sir*, whom to call brother

Would even infect my mouth, I do forgive

Thy rankest fault,

너는 아우라고 부르기에는 내 입이 더러워질 악당이지만, 그 대죄를
용서해 준다. *Temp.* 5.1.130-2.

(3) 신분이 자기보다 낮지 않은 낯선 사람에게 thou로 호칭하면 그것은
일종의 모욕이다.

> If thou *thou'st* him some thrice, it shall not be amiss, (그를 '이놈, 네
> 놈이'라고 세 번씩 되풀이 호칭해도 상관없어) *Twelf.* 3.2.43.

6.1.2. ye와 you

현행판(現行版)의 성서에서는 ye는 주격, you는 목적격으로 엄격히 구별
되어 사용되고 있지만, 셰익스피어 시대의 작가들은 이러한 구별을 하지 않
고 ye와 you를 사용했는데, you가 많이 사용되고 ye는 드물게 사용되었
다. ye는 의문, 탄원, 수사적 기원(修辭的 祈願) 등에 사용되는 경우가 많
다.

> *ye* gods (그대 신들이시여) *Caes.* 1.3.91,92; 2.1.302; 4.3.41,157.
> *you* gods (그대 신들이시여) *Caes.* 3.2.186; 4.2.38.

원래 사용되던 격을 완전히 바꾸어 ye를 목적격, you를 주격으로 사용하
는 예도 셰익스피어 작품에는 많다.

> I do beseech *ye*, if *you* bear me hard, Now, whilst your purpled
> hands do reek and smoke Fulfil your pleasure (공들에게 부탁이오, 만
> 일 공들이 저에게 적의를 품고 계시다면, 자주 빛으로 물든 공들의 손이

피비린내와 김을 뿜어내는 지금 이 순간 나를 마음대로 처치해주시오)
Caes. 3.1.157.

〈ye가 목적격으로 사용된 예:
- I thank *ye* (고맙습니다) *AYL*. 2.7.135.
- I promise *ye*, I fear you (단언하지만, 저는 아가씨가 걱정이 됩니다)
  Merch. 3.5.3.
- Old fond eyes, Beweep this cause again, I'll pluck *ye* out (늙고 어리
  석은 두 눈아, 이 일로 인해 다시 눈물을 흘린다면, 나는 네 놈을 잡아
  뽑겠다) *Lear* 1.4.324.

6.1.3. thou와 thee

thee가 thou 대신 주격으로 쓰이는 예가 세익스피어 작품에는 많다.
Cf. 오늘날에는 이 경우에 동사는 3인칭 단수형을 사용하기 때문에 thee
is . . . ; thee has . . . 처럼 된다.

- Sit *thee* down, Clitus: slaying is the word; It is a deed in fashion. Hark
  thee, Clitus (앉아라, 클라이터스. 살해라는 것은 적절한 말이다. 그것이
  유행하는 행위가 됐다. 내 말 들어라, 클라이터스) *Caes*. 5.5.4-5.
- and yet I would not be *thee* (그래도 나는 당신 신세가 되고 싶지 않
  소) *Lear* 1.4.204.
- if this should be *thee*, Malvolio? (만일 이게, 말볼리오, 바로 너라면?)
  Twelf. 2.5.113.

6.1.4. but, save 등의 다음에서 인칭대명사의 격

but나 save는 접속사로도 또 전치사로도 사용되기 때문에, 그 다음에 나

오는 인칭대명사는 주격이 오기도 하고 목적격이 오기도 한다. 여기에 혼란이 생겨서 주격이 와야 할 곳에 목적격이 오고, 반대로, 목적격이 와야 할 곳에 주격이 오는 예가 셰익스피어 작품에는 많다.

- You know my father hath no child *but I* (=me 당신도 알다시피 내 아버지의 혈육이라곤 나 하나밖에 없어) *AYL*. 1.2.18.
- I hope it be not gone to tell my lord That I kiss aught *but he* (=him 그 분 이외에 다른 아무 것에도 키스하지 말라고 그것이 없어진 것이나 아닌가 몰라) *Cym*. 2.3.153.
- The earth hath swallow'd all my hopes *but she* (=her 희망을 걸었던 다른 자식들은 다 죽고 그 애만 이 세상에 남았다) *Rom*. 1.2.14.
- nothing this wide universe I call, *save thou* (=thee 그대가 없으면, 나는 이 넓은 우주를 허무라 부르오) *Sonn*. cix.14.

마찬가지의 현상이 than의 경우에도 나타난다.

- A man no mightier *than thyself or me* (=I 공이나 나 자신 보다도 그 역량이 더 뛰어 나지도 않은 사람) *Caes*. 1.3.76.
- for my soul, yet I know not why, hates nothing more *than he* (=him 까닭 없이 그 놈이 제일 미우니까) *AYL*. 1.1.172.

6.1.5. his (=its)

셰익스피어의 작품에서는 it의 소유격으로 its가 사용되는 경우는 드물고, 주로 his가 그 대신 사용되었다. 본래 his는 고대영어의 hit(오늘날의 it)의 소유격으로서 3인칭 단수의 남성과 중성의 소유격이었기 때문에 성의 구별이 없어진 근대의 초기에는 his가 it의 소유격으로도 사용되었다. 한편 its는 그 당시 비로소 사용되기 시작하였으나, Dryden 시대까지 문어(文

語)로서 널리 보급되지는 못하였다.

- My *life* is run *his* compass (나의 생애는 이제 완전히 한바퀴 돌았다) *Caes*. 5.3.25.
- Time goes a crutches till *love* have all *his* rites (모든 사랑의 의식이 끝날 때까지 시간은 지팡이를 짚고 가듯 천천히 갑니다) *Ado* 2.1.375.
- that same *eye* whose bend doth awe the world Did lose *his* lustre (한번 떠보면 세상을 두려움에 떨게 하는 바로 그 눈은 광채를 상실했소) *Caes*. 1.2.124.
- his big manly *voice*, Turning again toward childish treble, pipes And whistles in *his* sound (사내다운 굵은 목소리는 가는 애들 목소리로 되돌아가서, 피리 소리나 휘파람 소리를 닮게 된다) *AYL*. 2.7.163.
- bid the main *flood* bate *his* usual height (만조 때 밀려오는 바닷물을 보고 평상시의 물높이로 낮아져 달라고 부탁하다) *Merch*. 4.1.72.
- How far that little *candle* throws *his* beams! (저 작은 촛불이 참으로 멀리도 비치고 있구나!) *Merch*. 5.1.90.

또한 세익스피어의 작품에는 of it 혹은 thereof로 it의 소유격을 나타내는 예가 많다.

- Master, if ever I said loose-bodied gown, sew me in the skirts *of it*, and beat me to death with a bottom of brown thread (주인 나리, 내가 만약에, 가운을 몸에 넉넉하도록 지으라고 했다면, 저를 그 스커트 끝에다 꿰매 넣고, 실 바퀴로 때려죽이십시오) *Shr*. 4.3.137.
- meaning indeed his house, Which, by the sign *thereof*, was termed so(사실은 그 집의 간판에 의해서 그렇게 명명된 그의 집을 의미한 것뿐인데) *R3*. 3.5.79.

또한 it이 its를 대신한 예도 있다.

- The hedge-sparrow fed the cuckoo so long, That it had *it* head bit off by *it* young (그렇게 오랫동안 바위종다리가 뻐꾸기를 먹여 길러주었더니 그 어린 뻐꾸기는 그 바위종달새의 머리를 쪼아먹었다네) *Lear* 1.4.238-239.
- that there thou leave it, Without more mercy, to *it* own protection (제 스스로 살아 부지하는 건 몰라도 조금도 자비를 보여서는 아니 되겠소) *Wint.* 2.3.178.
- It lifted up *it* head (그것은 그것의 머리를 들었다) *Ham.* 1.2.216.

6.1.6. mine(=my), thine(=thy)

모음 앞에서는 my와 thy 대신 mine과 thine이 사용되는 경우도 종종 있다. 특히 own 앞에서는 mine과 thine이 많이 사용된다.

- *mine* eyes (나의 눈) *Caes.* 3.1.283; 4.3.100.
- *mine* own house (내 자신의 집) *Caes.* 2.4.22.
- Come now, keep *thine* oath (자, 이제 너의 그 맹세를 실행하여라) *Caes.* 5.3.40.
- he is *thine* own(그녀는 자네의 것이다) *Temp.* 4.1.32.
- *thine* own tongue (내 자신의 혀) *Merch.* 1.1.109.
- believe me for *mine* honour(나의 인격을 믿어 주시오) *Caes.* 3.2.15.
- *mine* honest neighbours (나의 정직한 이웃) *Caes.* 1.2.231.

6.1.7. of me (=my), of him (=his), of them (=their) etc.

셰익스피어 시대에는 소유격 my, his, their 등 대신 of me, of him, of

them 등을 사용하는 경우도 종종 있었다.

- Neither call the giddiness of it in question, the *poverty of her*, the small acquaintance, my sudden wooing (일이 너무 급작스럽게 진전된 것을 괘념하지 말아라. 그 여인이 재산이 없는 사실이나, 행세하는 집 규수가 아니라는 점 또는 나의 갑작스런 구혼 따위를 문제삼지 말아라) *AYL*. 5.2.7.
- And turn the *force of them* upon thyself (그리고 그 모든 힘이 당신 자신에게 돌아오오) *2H6*. 3.2.332.
- Tell thou the lamentable *tale of me* (나의 슬픈 이야기를 하시오) *R2*. 55.1.44.

6.1.8. this our, that their, those your etc. + 명사

오늘날의 영어에서는 this ~ of ours, that ~ of theirs, those ~ of yours etc.으로 말하는 것을 셰익스피어 작품에서는 this our ~, that our ~, those your ~ etc.으로 말하기도 했다.

- *that their fitness* now Does unmake you (지금 그 절호의 기회가 당신을 나약하게 만듭니다) *Macb*. 1.7.53.
- Upon what meat doth *this our Caesar* feed, That he is grown so great? (시저라는 자는 도대체 무엇을 먹기에 그렇게 위대해졌겠소) *Caes*. 1.2.149.
- there is no hour so fit As Caesar's death's hour, nor no instrument Of half that worth as *those your swords* (시저가 운명하신 지금 이 시각만큼 적절한 때는 없고, 공들의 검에 비하여 반만큼의 가치를 가진 무기도 달리 없소) *Caes*. 3.1.155.

물론 오늘날의 영어처럼 말하기도 했다.

> - *that flattering tongue of yours* won me (당신의 감언이설에 내가 넘어
>   갔어요) *AYL*. 4.1.188.
> - there is *a friend of mine* come to town (내 친구 한 명이 읍내로 왔다)
>   *Wiv*. 4.5.78.

6.1.9. both our, all your, etc. + 명사

both our를 of us both, all your를 of you all의 의미로 사용하는 용법
이 셰익스피어 작품에는 많다.

> - *both our* remedies Within thy help and holy physic lies (저희 두 사람
>   의 치료는 오직 수도사 님의 도움과 신성한 치료법에 달려 있습니다)
>   *Rom*. 2.3.51.
> - To *both their* deaths thou shalt be accessary (그들 두 사람의 죽음에
>   대해 당신은 공범자요) *R3*. 1.2.192.
> - this will break out To *all our* sorrows (이것은 우리들 모두의 슬픔을
>   불러일으킬 것이오) *John* 4.2.102.

6.1.10. 인칭대명사의 재귀대명사 대용

오늘날의 영어에서라면 myself, yourself, himself 등과 같은 재귀대명
사를 사용해야 할 곳에 me, you, him 등과 같은 단순한 인칭대명사의 목
적격을 사용하는 일이 셰익스피어의 작품에는 많다.

> - I'll get *me* to a place more void (나는 좀 더 한산한 곳으로 가겠소)
>   *Caes*. 2.4.37.

- Wherein I confess *me* much guilty (이 점에서 저 자신이 죄가 많다고 생각합니다) *AYL*. 1.2.196.
- And thence retire *me* to my Milan (그리고 나서 밀라노로 돌아가서) *Temp*. 5.1.310.
- he that escapes me without some broken limb shall acquit *him* well (팔다리를 안 부러뜨리고 나한데서 빠져나가는 것은 여간 솜씨 아니고 는 불가능할 것입니다) *AYL*. 1.1.134.

thyself 대신에 사용된 thee는 명령형의 경우에 많지만, 특히 퇴거를 명 령하는 문장에 많이 쓰인다.

- Get *thee* away (가거라) *Err*. 1.2.16.
- Get *thee* to a nunnery (그대는 수녀원으로 가시오) *Ham*. 3.1.122.

6.1.11. 심성적(心性的) 여격(與格)(ethical dative)

서술의 내용에 대한 화자(speaker)의 감정적 색채를 나타내기 위한 심성 적 여격은 그 성격상 구어에 많기 때문에 구어체인 세익스피어의 희곡 작품 에 많이 나타난다.

- she falls *me* thus about my neck (이렇게 그녀는 내 목을 껴안고) *Oth*. 4.1.140.
- Why, he drinks *you*, with facility, your Dane dead drunk (그렇다니까 요. 그는 쉽게 덴마크인을 술 취해 나가자빠지게 합니다) *Oth*. 2.3.84.
- that . . . claps *me* his sword upon the table (테이블 위에 그의 검을 철거덩 내려놓은) *Rom*. 3.1.6.
- I will roar *you* as gently as any sucking dove; I will roar *you* an 'twere any nightingale (목소리를 아주 누그려뜨려서 비둘기 새끼처럼

샛노란 소리로 으르렁대거나, 꾀꼬리처럼 으르렁대겠다) *MND*. 1.2.84.

- When he perceived the common herd was glad he refused the crown, he plucked *me* ope his doublet and offered them his throat to cut (그가 왕관을 거절하는 것을 군중이 기뻐한다는 사실을 알았을 때 그는 자신의 저고리를 활짝 열어제치고 그들에게 그의 목을 베라고 했습니다) *Caes*. 1.2.267.

6.1.12. 심성적 속격(ethical genitive)

심성적 여격의 경우와 마찬가지로, 단지 화자의 감정을 나타내는 속격이다. your에 한정되어 쓰이는데, 주로 조롱이나 경멸을 나타낼 때 사용된다.

- There are more things in heaven and earth, Horatio, Than are dreamt of in *your* philosophy (호레이쇼, 이 천지간에는 학문쯤으로는 감히 꿈도 꿀 수 없는 것들이 얼마든지 있다네) *Ham*. 1.5.167.
- *Your* worm is *your* only emperor for diet: . . . *your* fat king and *your* lean beggar is but variable service (먹이라는 면에서 보면 구더기야말로 유일무이한 제왕이지요. . . . 살찐 임금과 여윈 거지는 종류가 다른 음식에 불과할 뿐입니다) *Ham*. 4.3.22-4.

6.1.13. ourself와 ourselves

셰익스피어 작품에서는 we의 재귀대명사로서 ourselves 뿐만 아니라 ourself도 사용되었다.

- frowning brow to brow, *ourselves* will hear The accuser and the accused freely speak (찡그린 얼굴을 마주 보게 해 놓고 우리는 원고와 피고의 말을 들어보기로 하자) *R2*. 1.1.16.

- we will keep *ourself* Till supper-time alone (과인은 만찬회 시간까지 홀로 있겠소) *Macb*. 3.1.43.

6.1.14. self

세익스피어 시대에는 self를 독립시켜 명사로 사용하는 경우가 상당히 많았다.

- thy cursed *self* (저주스런 당신 자신) *R3*. 1.2.80.
- your royal *self* (왕이 되실 몸, 옥체(玉體)) *R3*. 3.1.63.
- action's *self* (실황 그 자체) *H8*. 1.1.42.
- Tarquin's *self* (타퀸왕 자신) *Cor*. 2.2.98.

또한 self를 속격으로 한 예도 있다.

- better than thy dear *self's* better part (당신의 좋은 부분보다 더 좋은) *Err*. 2.2.125.
- if your *self's* remembrance wrong yourself (당신의 기억이 당신에게 해악을 끼친다면) *R3*. 4.4.421.

또한 self를 형용사로 사용한 경우도 있다.

- but if you please To shoot another arrow that *self* way Which you did shoot the first (그러나 자네가 처음 쏜 것과 같은 방향으로 화살 하나만 더 쏴 준다면) *Merch*. 1.1.148.
- Who, as 'tis thought, by *self* and violent hands Took off her life (자신의 흉폭한 손으로 자신의 목숨을 스스로 끊은 것으로 생각되는) *Macb*. 5.8.70.

6.1.15. Woe is me의 여격

Woe is me (어머나!)(*Ham*. 3.1.168)의 me는 여격이고, is가 없는 wo me(*Meas*. 1.4.26)의 me도 대개 여격이다. 한편 여격을 표시하는 to를 넣어서 Woe to the hand (그 손에 재앙이 있을 지어다)(*Caes*. 3.1.258)와 같이 말한 예도 있지만, 그러한 여격구문이 부자연스럽다고 생각한 결과 다음과 같은 새로운 구문을 사용한 경우도 있다.

- I am woe for it (그것은 슬픈 일이군요) *Temp*. 5.1.139.
- Woe, woe are we (슬픈, 슬픈 일이다) *Ant*. 4.14.133.

6.1.16. chill, chud

고대영어의 1인칭 대명사 ic는 중세영어에서는 ich로 변했는데, 이 ich에 will, would가 결합한 ichwill, ichwould의 축약형 'chill, 'chud가 셰익스피어 작품에 사용되고 있다. 또한 ch'ill, ch'ud, chill, chud와 같은 형태도 있다.

- '*Chill* not let go (나는 놓아주지 못 하겠다) *Lear* 4.6.240.
- '*Chill* be plain with you (네 놈과 쓸 데 없는 수작은 안 한다) *Lear* 4.6.248.
- '*Chill* pick your teeth, zir (이 놈, 네 놈의 이빨을 뽑아 놓을 테다) *Lear* 4.6.251.
- An '*chud* ha' bin zwaggered out of my life (큰 소리쳐 위협한다고 내가 뻗어버릴 사람이라면) *Lear* 4.6.243.

6.1.17. a(=he)

he 대신 사용되는 a (혹은 a', 'a)는 일반서민 뿐만 아니라, 교양 있는 사람도 사용했다.

- as *a'* lies asleep (그가 누워 잘 때) *Rom.* 1.4.80.
- *a'* killed your sister (그는 당신의 누이를 죽였다) *LLL.* 5.2.13.
- if *a'* have no more man's blood (그에게 남자다운 피가 조금이라도 있다면) *LLL.* 5.2.697.
- brings *a'* victory in his pocket? (그가 승리를 호주머니에 넣어 온답니까?) *Cor.* 2.1.135.
- How if *a'* will not stand? (그가 정지하지 않으면 어떻합니까?) *Ado* 3.3.28.
- let his father be what *'a* will (그의 아버지야 어찌 되었던 상관 말고) *Merch.* 2.2.56.

6.1.18. him 대신 쓰이는 he

- Which of *he* or Adrian, for a good wager, begins to crow? (저 친구하고 아드리안 중에서 누가 먼저 울 것 같소? 내기를 합시다) *Temp.* 2.1.28.
- Thus *he* that over-ruled I over-sway'd (이리하여 나는 그 제압자를 제압하였다) *Ven.* 109.
- 'Tis better thee without than *he* within (그것(血)은 그 자의 몸 속에 있기보다도 쏟아져 나와 너의 몸에 묻어 있는 편이 더 좋다) *Mac.* 3.3.14.

6.1.19. he 대신 쓰이는 him

- When *him* we serve's away (우리가 섬기는 그 분이 안 계실 때에)
  Ant. 3.1.15.
- Ay, better than *him* I am before knows me (제 앞에 계신 분이 저를
  알고 있는 것보다 더 잘 알고 있습죠) *AYL.* 1.1.46.

6.1.20. me 대신 쓰이는 I

- All debts are cleared between you and *I* (당신과 나 사이의 모든 부채
  는 청산된다) *Merch.* 3.2..321.
- Here's none but thee and *I* (당신과 나 이외에는 여기에 아무도 없소)
  2H6. 1.2.69.

6.1.21. I 대신 쓰이는 me

- Is she as tall as *me*? (그 여자는 키가 나만큼 크더냐?) *Ant.* 3.3.14.
- No mightier than thyself or *me* (당신이나 나 보다 그 역량이 더 뛰어
  나지 않은) *Caes.* 1.3.76.

6.1.22. her 대신 쓰이는 she

- Yes, you have seen Cassio and *she* together (그래, 캐시오와 그 여자
  가 함께 있는 것을 본 적이 있단 말이렸다) *Oth.* 4.2.3.
- So saucy with the hand of *she* here - what's her name? (여기에 있는
  이 여인의 손을 가지고 희롱하다니 몹시 무례한 짓이다 - 저 여인의 이
  름은 무엇이냐?) *Ant.* 3.13.98.

6.1.23. they 대신 쓰이는 them

- Your safety, for the which myself and *them* Bend their best studies
(폐하의 안전, 그 안전을 위해 저희들 일동은 최선의 노력을 하고 있습
니다) *John* 4.2.50.

6.1.24. we 대신 쓰이는 us

- Shall' s to the Capitol? (의사당으로 가실까요?) *Cor.* 4.6.148.
- Shall' s attend you there? (거기서 당신을 기다리고 있을까요?) *Wint.*
1.2.178.

6.1.25. for me, by me etc. 대신 쓰이는 me, thee, him etc.

- I am appointed *him*(=by him) to murder you (저는 당신을 살해하도
록 그에 의해 명령받았습니다) *Wint.* 1.2.412.
- Give *me*(=for me) your present to one Master Bassanio (당신의 선물
을 바사니오 나리께나 드리십시오) *Merch.* 2.2.115.
- You' ll bear *me*(=from me) a bang for that (그 따위 말을 한 대가로 너
는 나한테 한 대 맞아야 할거야) *Caes.* 3.3.20.
- And hold *me*(=with me) pace in deep experiment (그리고 심원한 실
험에서 나에게 대항한다) *1H4.* 3.1.48.
- We have not spoke *us*(=for us, for ourselves) yet of torch-bearers
(우리는 횃불잡이에 대해 아직 얘기도 하지 못했다) *Merch.* 2.4.5.
- She looks *us*(=to us) like A thing made more of malice than of duty
(그 여자아이는 우리에 대한 의무보다도 미움이 더 한 것 같아 보인다)
Cymb. 3.5.32.

6.1.26. 대명사의 전치(轉置)

- Into the madness wherein now he raves And *all we*(=we all) mourn for (결국 실성하게 되시어 지금처럼 광기를 나타내시는 것이옵고, 우리 모두가 애통하기에 이른 것이옵니다) *Ham.* 2.2.151.
- *Both they*(=they both) Match not the high perfection of my loss (그들 둘을 합쳐도 내가 잃은 그 훌륭한 보배에는 어림없 다) *R3.* 4.4.65.

6.1.27. 동사로 전용된 명사에 붙는 it

원래 명사로 사용되는 낱말을 동사로 전환하여 사용할 때 거기에 동사의 분위기를 강하게 나타내주기 위해 괜히 it을 덧붙이는 경우가 있다. 현대 영어에서도 lord it(대감 행세를 하다), queen it(여왕 행세를 하다), prince it(왕자 행세를 하다), duke it(공작 행세를 하다), bus it(버스로 가다), foot it(도보로 가다), hotel it(호텔에 묵다) 등등의 표현에 그 잔재가 남아 있다.

- Foot *it Temp.*1.2.380.
- To queen *it H8.* 2.3.37.
- To prince *it Cymb.* 3.4.85.
- Lord Angelo dukes *it* well *Meas.* 3.2.100.

6.1.28. 마음, 정신, 영혼을 가리키는 her

- Since my dear soul was mistress of *her* choice (내 귀중한 영혼이 스스로 선택할 수 있는 힘을 얻은 이후로) *Ham.* 3.2.68.
- Whose soul is that which takes *her* heavy leave? (고통스럽게 육신을 떠나고 있는 저 영혼은 누구의 것일까?) *3H6.* 2.6.42.

6.1.29. my, your, her, their etc. 대신 쓰이는 mine, yours, hers, theirs etc.

- *Mine*(=my) and my father's death come not upon thee (소신과 소신
  의 아비의 죽음은 당신의 탓이 아니옵니다) *Ham.* 5.2.341.
- What to come is *yours*(=your) and my discharge (앞일은 당신과 나의
  손에 달려 있소) *Temp.* 2.1.253.
- By *hers*(=her) and *mine*(=my) adultery (그녀와 나의 간통에 의해)
  Cymb. 5.5.186.1
- Even in *theirs*(=their) and in the commons' ears (그 분들과 평민들이
  들을 수 있는 곳에) *Cor.* 5.6.4.

6.2. 관계대명사

6.2.1. who와 which의 선행사

who의 선행사가 동물이나 무생물이고, which의 선행사가 사람인 경우도
있다.

- *The first*, of gold, *who* this inscription bears, 'Who chooseth me
  shall gain what many men desire;' *The second*, silver, *which* this
  promise carries, 'Who chooseth me shall get as much as he
  deserves;' (첫째 것은 금 상자, 거기에는 이런 글 귀가 새겨 있구나,
  '나를 선택하는 자는 만인이 소망하는 것을 얻으리라.' 두 번째 것은 은
  상자, 거기에는 이런 언약이 쓰여 있구나, '나를 선택하는 자는 그 신분
  에 합당한 만큼 얻으리라.') *Merch.* 2.7.4-7. ※ 이 대사에서 선행사 the
  first에는 관계대명사 who를 쓰고, 선행사 the second에는 관계대명사

which를 쓰고 있다.

- I am married to a *wife Which* is as dear to me as life itself (나는 내 생명만큼이나 귀중한 아내와 결혼했다) *Merch.* 4.1.282.
- No woman had it, but *a civil doctor Which* did refuse three thousand ducats of me (그것을 가진 사람은 여자가 아니라, 3000 더커트를 주겠다는 내 청을 거절한 어떤 법학 박사요) *Merch.* 5.1.210-1.
- I do know of these That therefore only are reputed wise For saying nothing, when, I am sure, If they should speak, would almost damn *those ears Which*, hearing them, would call their brothers fools (나는 알고 있네, 아무 말도 하지 않기 때문에 현명하다는 평을 듣고 있는 작자들을 말일세. 내 장담하지만, 그런 자들이 입을 열었다 하면 그 말을 듣고는 동포를 바보라고 부르지 않을 수가 없을 것이니, 들은 귀가 천벌을 받게 하고야 말거야.) *Merch.* 1.1.95-9. ※ 이 문장에서 those ears는 귀를 가지고 있는 사람을 나타내는 일종의 제유(提喩)로 생각할 수도 있고, 혹은 the ears of those men으로도 생각할 수 있다.
- the wind, thy *sighs; Who* . . . will overset Thy tempest-tossed body (그 바람은 그대의 한숨이다. 그 한숨은 폭풍에 시달리는 네 몸뚱이라는 배를 전복시킬 것이다) *Rom.* 3.5.135-6.
- my arm' d *knees, Who* bow' d but in my stirrup (등자를 밟고 말을 탈 때 외에는 굽혀 본 적이 없는 무장한 나의 두 무릎) *Cor.* 3.2.119.
- 'tis my *heart* that loves what they despise, *Who*, in despite of view, is pleased to dote (나의 마음은 그것이 멸시하는 것을 사랑하여, 외관으로 보이는 것을 배척하고 맹목적으로 사랑하오) *Sonn.* cxli. 4.

6.2.2. who 대신 사용되는 whom

whom이 who 대신에 사용되는 일이 있다.

- Arthur, *whom* they say is kill' d to-night On your suggestion (당신의 선동에 의해 오늘 밤에 살해됐다고 하는 아더) *John* 4.2.165.
- The nobility are vex' d, *whom* we see have sided In his behalf (그 놈의 편을 들던 귀족들은 전전긍긍하고 있다) *Cor.* 4.2.2.

6.2.3. the which, the whom

관계 대명사 which나 whom 앞에 the를 덧붙여서 사용하는 용법인데 이것은 Norman French의 영향을 받은 것으로서 그 앞에 전치사가 오는 경우가 많다.

- Under an oak whose antique root peeps out Upon the brook that brawls along this wood, To *the which* place . . . (이 숲을 끼고 요란하게 흐르는 저 개울을 내다보는 해묵은 뿌리를 가진 떡갈나무 말씀예요, 바로 그 곳에 . . .) *AYL.* 2.1.31-33.
- Your mistress - from *the whom*, I see, There' s no disjunction to be made (절대로 해어질 수 없다고 생각되는 신부) *Wint.* 4.3.541-542.
- And through Wall' s chink, poor souls, they are content To whisper. At *the which* let no man wonder (그리고 그 벽 틈을 통해서 불쌍한 연인들은 사랑을 속삭이는데 만족하였습죠. 이 점엔 아무도 다른 말씀이 없을 것이옵니다) *MND.* 5.1.135.
- that is one of the points in *the which* women still give the lie to their conscience (이 점이 바로 여자들이 항상 본의 아닌 거짓말을 하는 점이죠) *AYL.* 3.2.409.
- For *the which*, as I told you, Antonio shall bound (내가 이미 당신에게 말했듯이, 그것에 대한 보증은 안토니오 공이 설 것이오) *Merch.* 1.3.4.
- there shall I try, In my oration, how the people take The cruel issue

of these bloody men; According to *the which*, thou shalt discourse To young Octavius of the state of thing (그 곳에서 나는 내 웅변으로 시험해 볼 것이니라, 이 무도한 무리들이 자행한 이 잔인한 처사를 민중들이 어떻게 받아들이는지를. 그 결과를 보아서 너는 젊은 옥테이비어스 공에게 사태의 추이를 설명해 드려야 할 것이니라) *Caes.* 3.1.295.

〈전치사를 동반하지 않는 경우:
- I do desire you Not to deny this imposition; *The which* my love and my necessity Now lays upon you (당신에 대한 저의 우정을 믿고 그리고 어떤 부득이한 사정이 있어서 이렇게 요청하는 것이오니, 저의 이런 요구를 거절하시지 마시기를 간절히 부탁드리는 바이옵니다) *Merch.* 3.4.34.
- a civil doctor, Which did refuse three thousand ducats of me And begg'd the ring: *the which* I did deny him And suffer'd him to go displeased away (삼천 더커트를 주겠다는 나의 청을 거절하고 기어이 그 반지를 달라고 졸랐던 법학박사: 나는 그의 그런 청을 거절했소, 그리고 꾹 참고 그가 몹시 불쾌하게 생각하면서 떠나도록 내버려두었소) *Merch.* 5.1.212.

6.2.4. 복합관계대명사로도 사용되는 who, whom, that

who, whom, that이 whoever, whomever, whatever의 의미로 사용되기도 했다.

- *Who* steals my pulse steals trash (제 지갑을 훔친 자는 쓰레기를 훔친 것입니다) *Oth.* 3.3.157.
- *Who* chooseth me must give and hazard all he hath (나를 선택하는

자는 전 재산을 내주고 모험을 해야한다) *Merch.* 2.7.9.
- I will set this foot of mine as far As *who* goes farthest (저도 이 일에 적극 참여하겠소. 누구에게도 뒤지지 않게) *Caes.* 1.3.120.
- What it is, my Caius, I shall unfold to thee, as we are going To *whom* it must be done (케이어스 공, 이 일의 내용은 우리가 그 일의 목표로 삼고 있는 사람의 집으로 가면서 공에게 밝혀드리겠소) *Caes.* 2.1.351.
- Thy honourable metal may be wrought From *that* it is disposed (그대의 고귀한 성품도 작용을 가하면 타고난 성품과는 다르게 될 수 있을 것이다) *Caes.* 1.2.314.

which가 that which의 의미로 쓰이는 일도 드물게 있다.

- More than mistress of *Which* comes to me in name of fault, I must not At all acknowledge (실수는 있을 수 있을지 모르나 그 이상의 나쁜 것을 했다고는 생각되지 않습니다) *Wint.* 3.2.61.

6.2.5. 관계대명사 as와 호응하는 선행사의 수식어

관계대명사 as가 such, the same, as 등과 호응하여 사용됨은 물론이고, 그 외에도 that, those, these 등과도 호응하여 사용되었다.

- *that* kind of fruit *As* maids call medlars (처녀들이 비파라고 부르는 저런 종류의 과일) *Rom.* 2.1.36.
- I have not from your eyes *that* gentleness And show of love *as* I was wont to have (저는 공의 눈에서 저에게 지금까지 늘 그렇게 해 왔던 그 상냥함과 우정의 표시를 찾아 볼 수가 없었소) *Caes.* 1.2.34.
- Under *these* hard conditions *as* this time Is like to lay upon us (이 시대가 우리에게 과하게 될 이 어려운 여건 아래에서) *Caes.* 1.2.174.

6.2.6. 관계대명사의 선행사가 소유격인 경우

소유격 형태의 명사나 대명사가 관계대명사의 선행사가 되는 일이 있다.

- You are too officious In *her* behalf *that* scorns your services (자넨 참 견이 좀 지나치군 그래, 자네 도움을 성가시게 여기는 그녀를 위해서 말이네) *MND*. 3.2.331.
- to yield myself *His* wife *who* wins me by that means (그 방법에 의해 저를 차지하게되는 분의 아내가 되도록) *Merch*. 2.1.19.
- do you now strew flowers in *his* way *That* comes in triumph over Pompey' s blood? (네 놈들은 이제 그 자가 폼페이의 혈족을 무찌르고 개선하는 길에 꽃을 뿌린단 말이냐?) *Caes*. 1.1.50-1.
- That scull had a tongue in it, and could sing once: how the knave jowls it to the ground, as if it were *Cain' s* jaw-bone, *that* did the first murder! (그 해골에도 한 때는 혀가 있어서 노래를 부를 수 있었을 테지. 저 녀석 그것을 땅에다가 동댕이치는구나, 마치 인류 최초의 살 인자 카인의 턱뼈이기나 한 것처럼) *Ham*. 5.1.85.

6.2.7. 관계대명사에 인칭대명사를 덧붙여 격 관계를 나타내는 경우

관계대명사에 his 또는 him 등을 덧붙여 격(格)관계를 나타내는 경우가 종종 있는데, 이것은 고대영어의 잔재이다.

- Anger is like A full-hot horse, *who* being allow' d his way, Self-mettle tires *him* (who . . . him = whom. 격분이란 흥분해 날 뛰는 말 과 같은 것이니, 제멋대로 뛰게 하면 제 성미에 지쳐 쓰러져 버립니다) *H8*. 1.1.132-134.
- What does thou mean To stifle beauty and to steal his breath, *who*

when he lived, *his* breath and beauty set Gloss on the rose, smell to
the violet? (who . . . his = whose. 어째서 너는 아름다운 자를 질식시
키고 그의 숨을 빼앗느냐. 그가 살았을 때엔 그 아름다움은 장미에 빛
을 주고 그 숨결은 오랑캐꽃에 향기를 주었건만) *Ven.* 933-936.

6.2.8. 주격관계대명사의 생략

선행사 다음에 곧바로 관계대명사 주격이 오고 또 그 다음에 바로 동사가
올 때, 그 주격관계대명사가 생략되기도 한다.

- The hate of those (who) love not the king (폐하를 사랑하지 않는 자
  들의 증오심) *R2*. 2.2.128.
- In war was never lion (that) raged more fierce (전쟁에서는 사자보다
  도 더 용맹하셨다) *R2*. 2.1.173.
- You are one of those (who) Would have him wed again (당신은 그
  분의 재혼을 권하는 사람 중의 한 사람이군요) *Wint*. 5.1.23.

6.2.9. whatever 또는 whoever의 의미를 나타내는 what:

what이 whatever 또는 whoever의 의미를 나타내기도 한다.

- *What*(=whatever) will hap more to-night, safe scape the king (오늘
  밤 무슨 일이 있더라도 전하께서 무사히 피신하시길 기원합니다) *Lear*
  3.6.121.
- There's my exchange. *What*(=whoever) in the world he is That
  names me traitor, villain-like he lies (여기 도전에 응한다는 내 징표가
  있소. 나를 역적이라고 하는 자가 누구이든지 간에 그 놈은 극악무도하
  게 거짓말을 하고 있소) *Lear* 5.3.97.

6.3. 부정대명사

6.3.1. Every

현대영어에서는 대명사로는 사용되지 않고 형용사로만 사용되지만, 셰익스피어 시대에는 대명사로도 사용되었다.

- If *every* of your wishes had a womb (당신의 소망 하나 하나에 자궁이 달려 있다면) *Ant.* 1.2.38.
- And after, *every* of this happy number . . . Shall share the good of our returned fortune (그런 후에, 이 행복한 한 분 한 분 모두에게 내게 되돌아온 행운의 기쁨을 골고루 나누어 드리도록 하겠습니다) *AYL.* 5.4.178.

또 every의 의미가 'all'에 가깝기 때문에 every를 다른 대명사로 받을 때 복수형(they, them, their 등)으로 받는 경우도 많다.

- God send *every one their* heart's desire! (하나님께서 모든 사람의 소원을 들어 주셨으면!) *Ado* 3.4.60.
- which, falling in the land, Have *every pelting river* made so proud, That *they* have overborne *their* continents (그것이 비가 되어 땅에 떨어지니, 모든 시내는 물이 불어 마침내 둑을 삼키고 범람하게 되었지요) *MND.* 2.1.92.

6.3.2. None

대명사로 사용될 때에는 오늘날의 용법과 마찬가지로 단수와 복수 어느 쪽으로도 취급된다. 명사 앞에 놓여 그 명사를 수식하는 형용사적 용법으로 사용될 때에는 수식을 받는 그 명사가 자음으로 시작되면 none 대신 no가 쓰이고, 모음이나 h로 시작되면 none이 쓰였다. 단, none such에서의 such는 형용사적으로 사용된 경우이다.

- And the late marriage made of *none* effect (따라서 그 전의 결혼은 무효가 되었소) *H8*. 4.1.33.
- I am sure I am *none such* (분명 나는 그런 여자가 아니어요) *Oth*. 4.2.124.

6.3.3. Aught와 ought

Aught가 anything의 의미로 사용되는 일이 오늘날에는 for aught I care, 또는 for aught I know와 같은 소수의 숙어적 표현에만 한정되지만, 세익스피어 시대에는 그러한 제한이 없이 널리 사용되었다. aught의 부정형(不定形)은 naught이며, 판본에 따라서는 aught와 naught가 각각 ought와 nought로 되어 있는 경우도 있다.

- Nor is he dead, for *aught* that I can tell (내가 아는 한 그는 죽지도 않았소) *MND*. 3.2.76.
- hear you *aught* of her in yours? (그대의 편지에서 처에 관해 뭔가 들었소?) *Caes*. 4.3.185.
- If it be *aught* toward the general good, Set honour in one eye and death i' the other, And I will look on both indifferently (만일 그것이 공익과 관계되는 일이라면 한 쪽 눈으로는 명예를, 다른 쪽 눈으로는 죽음을 보아도 좋소. 나는 그것들 양편을 공평무사하게 볼 테니 말이오) *Caes*. 1.2.85.

6.3.4. Other

other가 오늘날의 the other와 같은 의미로도 사용됐다.

- and he put it by thrice, every time gentler than *other* (그리고 그 분은 그것을 세 번 물리쳤소. 그러나 그 때 마다 전 보다 물리치는 정도가 약했지요) *Caes*. 1.2.230.
- Both one and *other* he denies me now (이제 그는 이 쪽도 저 쪽도 나에게 안 주겠다는 거야) *Err*. 4.3.86.

명사를 수식할 때의 어순도 오늘날과 다르다.

- a thousand *other her* defences (그 밖의 그녀의 겹겹이 쌓인 방벽) *Wiv*. 2.2.259.
- With Poins, and *other his* continual followers (포인즈와 그밖에 늘 그를 따라다니는 자들입니다) *2H4*. 4.4.53.

또 셰익스피어 시대에는 other가 단복동형(單複同形)이었다. 그래서 오늘날에는 others를 써야할 곳에 other가 사용되었다.

- Call Claudius and some *other* of my men; I'll have them sleep on cushions in my tent (클로디어스와 다른 부하들을 불러다오. 내 군막 안 요 위에서 그들을 잠자게 해야겠다) *Caes*. 4.3.242.
- There's *other* of our friends Will greet us here anon (이제 머지 않아 다른 친구들도 날 만나러 올 것이오) *Meas*. 4.5.12.
- That, he awaking when *the other* do, May all to Athens back again repair (그리하여 다른 자들이 깨어날 때 그도 깨어나 모두 다 아테네로 돌아가게 하여) *MND*. 4.1.69.

또 the other를 줄여서 t'other, tother, th'other로 하거나, 또는 the tother, th'tother로 하여 사용하기도 하였다.

- I saw him yesterday, or *t'other* day (나는 그 분을 어제도 혹은 그 전날에도 봤소이다) *Ham*. 2.1.56.

또 상호대명사인 each other와 one another의 경우, 현대영어와는 달리 두 낱말을 분리시키고 그 사이에 양자간의 관계를 나타내주는 전치사를 삽입했다.

- If ever you prove false *one to another* (만일 두 분이 서로에게 거짓말을 하는 것으로 드러나면) *Troil*. 3.2.206.
- like dumb statues or breathing stones, Gazed *each on other*, and look'd deadly pale (벙어리 조상(彫像) 혹은 숨쉬는 석상(石像)처럼 멍하니 그저 서로를 쳐다 보며 파랗게 질려 있었습니다) *R3*. 3.7.26.
- which is, to bring Signior Benedick and the Lady Beatrice into a mountain of affection *the one with the other* (그것은 시뇨르 베네디크와 베아트리스 아가씨를 서로 산더미 같은 사랑 속으로 몰아 넣는 일이야) *Ado*. 2.1.383.

6.4. 의문대명사

6.4.1. what=why

what이 why의 의미로 쓰이기도 했다.

- *What* should I stay? (내가 무엇 때문에 머물러 있어야 하는가?) *Ant*. 5.2.327.
- *What* shall I need to draw my sword? (내가 칼을 뽑을 필요가 왜 있을까?) *Cymb*. 3.4.34.
- *What* need we any spur but our own cause? (우리의 대의명분에 어떤 박차가 어째서 필요하단 말이오?) *Caes*. 2.1.123.

6.4.2. what= in what state, how far advanced

- *What* is the night? (밤이 얼마나 깊었소?) *Mac*. 3.4.126.

6.4.3. whether의 의문대명사 용법

whether는 접속사로 쓰였을 뿐만 아니라, "which (one) of the two"의 의미를 갖는 의문대명사로도 사용됐다.

- *Whether* dost thou profess thyself, a knave or a fool? (악당과 광대 중 어느 쪽인지 말해라) *All's* 4.5.23.

7. 형용사

7.1. 관사

7.1.1. 부정관사

오늘날 부정관사 an은 모음으로 시작되는 말 앞에서 사용되는 것이 원칙이지만, 셰익스피어 시대에는 그 외에 어두(語頭)가 h로 시작되는 말 앞에서도 an이 사용되는 일이 많았다(단, 현대영어에서도 문어(文語)에서는 hotel, historical . . . 등처럼 h로 시작되는 어두(語頭)에 악센트가 없는 경우에 an을 쓰기도 한다).

> - *an hundred* spouts *Caes*. 2.1.77.
> - *an hair Temp*. 1.2.30.
> - *an hospital LLL*. 5.2.881.
> - *an humble heart Caes*. 3.1.35.
> 또 eu, u[ju:]로 시작되는 말 앞에서도 an이 사용되는 일이 많았다.
> - *an union MND*. 3.2.210.
> - *an usurper 2H6*. 1.3.188.
> - *an eunuch Twelf*. 1.2.56

또 an yere, an wood, an woman 등처럼 y, w로 시작되는 말 앞에서도 an이 사용되는 일이 많았다. 또 such a one과 더불어 such an one도

많이 사용되었다.

- . . . is there *such an one*? (거기에 그런 분이 계십니까?) *Ant*. 1.2.118.
- better Macbeth Than *such an one* to reign (이런 인간이 나라를 다스
  리기보다는 차라리 맥베스가 나을 것이다) *Macb*. 4.3.66.

부정관사 a 와 관련하여 주의해야 할 용법은 a many이다. 여기에서 many는 명사로서 a 는 이 명사에 붙어 있는 것이다. 셰익스피어 시대에는 of 속격을 이용하여 a many of 형태로 사용하거나 또는 a many를 형용사처럼 사용했다.

- like *a many* of these lisping hawthornbuds (혀 짧은 소리로 조잘대는
  수많은 산사나무 꽃망울처럼) *Wiv*. 3.3.77.
- I do know *A many* fools (나는 수많은 어릿광대들을 알고 있다)
  Merch. 3.5.73.
- They say he is already in the forest of Arden, and *a many* merry men
  with him (그 분은 벌써 아덴의 숲 속에 계시며 또한 수많은 재미있는
  부하들과 함께 있다 하오) *AYL*. 1.1.121.

7.1.2. 정관사

a) the + 동명사
동명사이기 때문에 현대영어에서라면 그 앞에 정관사를 두지 않는 곳에 정관사를 두는 일이 자주 있다.

- You need not fear *the* having any of these lords (그 분들 중 어느 분
  과도 혼인하실 걱정은 하실 필요가 없습니다) *Merch*. 1.2.109.
- Nothing in his life Became him like *the* leaving it (그의 일생에서 그

의 임종보다도 더 훌륭한 것은 없었다) *Macb*. 1.4.8.
- In *the* delaying death (사형을 연기함에 있어서) *Meas*. 4.2.172.

b) the + 인명(人名).
왕이나 귀족 등의 이름 앞에 정관사를 붙이는 예가 종종 있다.

- *The Douglas* and *the Hotspur* both together Are confident against the world in arms (합세한 더글러스와 홋스퍼는 무장한 전 세계와 대결하면서도 자신만만합니다) *1H4*. 5.1.117.
- We will entice the Duke of Burgundy To leave *the Talbot* and to follow us (우리는 감언이설로서 버어건디 공을 설득함으로써 탈보트를 버리고 우리 쪽에 가담하도록 해야겠습니다) *1H6*. 3.3.20.
- My ancestors did from the streets of Rome *The Tarquin* drive, when he was call'd a king (나의 선조들께서는 타퀸이 왕이라고 불리던 시절, 그를 로마의 거리에서 추방했다) *Caes*. 2.1.54.

Lord, Lady, Count, Prince 등의 칭호가 인명에 붙어 있는 경우에는 그 앞에 정관사를 붙이는 것이 보통이었다.

- *The Lord Northumberland R2*. 2.2.53.
- From *the Count Orsino*, is it? (그 사람은 오르시노 공작이 보낸 사람이 아니냐?) *Twelf*. 1.5.109.
- when sawest thou *the Prince Florizel*, . . .? (플로리즐 왕자님을 언제 보셨습니까?) *Wint*. 4.1.29.
- Madam, *the Lady Valeria* is come to visit you (마님, 발라리아 부인께서 찾아 오셨습니다) *Cor*. 1.3.29.

Cf. 인명에 부정관사가 붙는 경우도 있다.

- *A Talbot! a Talbot! 1H6.* 1.1.128.
- *a Helen* and a woe (헬렌이라는 여자가 가지고 온 이 슬픔) *Troil.* 2.2.111.

Cf. 형용사 + 인명의 앞에 부정관사를 붙이는 경우도 종종 있었다.

- 'Tis *a noble Lepidus* (고귀한 레피더스 장군님이십니다) *Ant.* 3.2.6.
- as I am *an honest Puck* (나는 정직한 퍽이니까) *MND.* 5.1.438.

c) the + 병명.
단수형의 병명에도 정관사를 붙이는 일이 있었다.

- *The red plague* rid you, For learning me your language! (나에게 너의 언어를 가르쳐 준 벌로 단독(丹毒)에나 걸려라) *Temp.* 1.2.364.

d) the + 강 이름.
현대영어에서는 강 이름 앞에 정관사를 붙이는 것이 보통이지만, 셰익스피어 시대에는 아직 이 규칙이 확립되지 않았다. 그래서 정관사를 붙이기도 하고 붙이지 않기도 했다.

- Melt Egypt into *Nile!* (에집트여 나일강 속으로 녹아 버려라) *Ant.* 2.5.78.
- they take the flow o' *the Nile* By certain scales i' the pyramid (그들은 나일강의 범람을 피라미드에 있는 일정한 눈금으로 측정합니다) *Ant.* 2.7.20.
- he could wish himself in *Thames* up to the neck (아마도 그 분께서는 템즈 강에서 목까지 빠져 있는 것이 차라리 낫다고 생각하실 것) *H5.* 4.1.120.

- to be thrown in *the Thames*? (템즈강 속에 던져지다니) *Wiv.* 3.5.6.
- *Tiber* trembled underneath her banks (타이버강이 그 강둑 밑에서 진동했다) *Caes.* 1.1.45.
- On this side *Tiber* (타이버강의 이 쪽 강둑에서) *Caes.* 3.2.254.

7.2. 형용사

7.2.1. 이중 복합형용사

세익스피어 작품에는 두 개의 형용사가 자유롭게 결합하여 이루어진 복합형용사가 많다.

- a brave gentleman More *active-valiant* or more *valiant-young* (더욱 민첩하고 용감하며 나이 어린 훌륭한 호걸) *1H4.* 5.1.90.
- an enterprise Of *honourable-dangerous* consequence (영예롭지만 그 결과가 위험할지도 모르는 일) *Caes.* 1.3.124.
- He only in a *general-honest* thought (오직 그 분만이 온 사회를 위한 참된 생각에서) *Caes.* 5.5.71.
- I am too *childish-foolish* for this world (이 사람은 이 세상일에 너무 나도 순진하고 어리석단 말이다) *R3.* 1.3.142.
- For we are *high-proof* melancholy (우리는 굉장히 우울하기 때문에) *Ado* 5.1.124.
- That fools should be so *deep-contemplative* (바보가 그렇게 깊은 명상에 잠기다니) *AYL.* 2.7.31.
- I am too *sudden-bold* (제가 너무 갑자기 당돌해졌어요) *LLL.* 2.1.107.
- *Fertile-fresh* (기름지고 싱싱한) *Wiv.* 5.5.72.

7.2.2. 비교법

세익스피어 시대에는 비교급과 최상급을 만드는 방법이 비교적 자유로웠다. 그래서 1음절어에도 more, most를 붙여 비교급, 최상급을 만드는가 하면, 다음절(多音節語)에도 -er, -est를 붙여 비교급, 최상급을 만들기도 했다.

- made the things *more rich* (그 물건들을 더욱 값지게 만들었습니다) *Ham.* 3.1.99.
- Your wisdom should show itself *more richer* to signify this to the doctor (의사에게 찾아가 이것을 이야기해 보는 것이 훨씬 더 현명한 처사일 것일세) *Ham.* 3.2.304.
- a *perfecter* giber (완벽한 수다쟁이) *Cor.* 2.1.91.
- the *perfectest* report (가장 완벽한 보고) *Macb.* 1.5.2.

또 less, worse, rather와 같은 비교급에 다시 -er, -est를 붙여 만든 lesser, worser, ratherest도 사용됐다.

- I'll pull thee by the *lesser* legs (너의 작은 다리를 잡아당기겠다) *Temp.* 2.2.104.
- the more my prayer, the *lesser* is my grace. (내가 기도를 많이 드리면 드릴수록 은총을 덜 받나보다) *MND.* 2.2.89.
- *Lesser* than Macbeth, and greater (맥베스보다는 못하지만, 그 보다 더 위대하신 분) *Mac.* 1.3.65.
- the strong'st suggestion Our *worser* genius can (인간의 더 악한 천성이 자극하는 아주 강한 유혹이 있다하더라도) *Temp.* 4.1.27.
- O throw away the *worser* part of it (아 그 중 더 나쁜 쪽은 버리십시오) *Ham.* 3.4.157.

- What *worser* place can I beg in your love (더 못한 어떤 자리를 당신의 애정에 바랄 수가 있겠어요?) *MND*. 2.1.208.
- Let not my *worser* spirit tempt me again (제 나쁜 심지의 유혹을 받아 두 번 다시 시도하는 일이 없도록 해 주소서) *Lear* 4.6.218.
- The *worser* welcome; (더욱 더 보기 싫은 녀석이로군) *Oth*. 1.1.95.
- untrained, or, rather, unlettered, or, *ratherest*, unconfirmed fashion, (무훈련, 무학, 아주 무지몽매한 태도) *LLL*. 4.2.19.

7.2.3. Elder, eldest

현대영어에서는 주로 가족 내에서 장유(長幼)의 순서를 나타내는데 사용되는 elder, eldest가 세익스피어 시대에는 연령의 차이를 나타내는 older, oldest의 의미로도 사용되었다.

- But I have, sir, a son by order of law, some year *elder* than this who yet is no dearer in my account (하지만, 귀공, 저에게는 이 애보다 한 살쯤 위인 적자가 하나 있사온데, 내 생각으로는 그 애가 더 귀한 것 같지도 않소이다) *Lear* 1.1.20.
- How much more *elder* art thou than thy looks! (당신은 보기와는 달리 정말로 노련하십니다) *Merch*. 4.1.252.
- My youngest boy, and yet my *eldest* care (저의 막내아들이긴 하나 저의 가장 큰 보호를 받아 온 아들) *Err*. 1.1.125.
- I said, an *elder* soldier, not a better (나는 경험이 더 많은 군인이라고 했지 더 유능한 군인이라고 말하진 않았소) *Caes*. 4.3.56.

7.2.4. More와 moe

세익스피어 시대에는 more 외에 moe라는 형태가 있어서 복수명사의 경

우에 사용되었는데, more는 much의 비교급으로, moe는 many의 비교급
으로 사용되었다.

- *moe* reasons for this action At our *more* leisure shall I render (이 일
  에 대한 더 많은 이유를 좀 더 한가할 때에 말씀드리겠습니다) *Meas.*
  1.3.48-49
- Send out *moe* horses (기병을 더 많이 내보내라) *Macb.* 5.3.35.
- many thousand *moe* (수천 번 더) *Wint.* 1.2.8.
- What, hath the firmament *moe* suns than one (뭐라고, 창공에 태양이
  한 개 이상 있단 말이냐?) *Tit.* 5.3.17.
- Is he alone? . . . No, sir, there are *moe* with him (그는 혼자 오셨더
  냐? . . . 아니옵니다, 나리. 많은 사람들과 함께 오셨습니다) *Caes.*
  2.1.72.
- If I court *moe* women, you' ll couch with *moe* men (내가 더 많은 여
  자에게 반하면, 당신은 더 많은 남자와 자면 될 거야) *Oth.* 4.3.57.
- I pray you, mar no *moe* of my verses (제발 부탁이니, 나의 노래를 더
  이상 상하게 하지 마시오) *AYL.* 3.2.178.

7.2.5. very의 의미를 갖는 최상급 굴절어미 -est

최상급 굴절어미 -est가 때로는 very의 의미를 나타낼 때도 있다.

- A little ere the *mightiest* Julius fell (절세의 영웅 쥴리어스 시저가 쓰러
  지기 직전에) *Ham.* 1.1.114.

7.2.6. 둘 사이의 비교에 쓰이는 최상급

비교의 대상이 둘 뿐인 경우에도 최상급이 사용되는 경우가 때때로 있다.

- Of two usuries, the *merriest* was put down (두 가지 고리대금업 중에서 재미가 더 좋은 쪽이 금지가 되었다) *Meas*. 3.2.7.
- Between two horses which doth bear him *best*, Between two girls which has the *merriest* eye (두 말 가운데 어느 쪽이 더 쓸모가 있는지, 두 계집애들 가운데 어느 쪽이 더 명랑한 눈을 가지고 있는지를) *1H6*. 2.4.17-18.

7.2.7. all(=any, every)

all이 any 혹은 every의 의미를 나타낼 때도 있다.

- Without *all*(=any) bail (어떠한 보석도 허락하지 않고) *Sonn*. 74.
- And *all*(=every) thing unbecoming (그리고 모든 것이 어울리지 않을 뻔한) *Macb*. 3.1.14.

7.2.8. each(=all, each one of, both)

each가 all 혹은 each one of 또는 both의 의미를 나타낼 때도 있다.

- At *each*(=all) his needless heavings (그 분께서 쓸데없이 한숨을 내쉴 때마다) *Wint*. 2.3.35.
- *Each*(=both) in her sleep themselves so beautify (각각 그 자체의 아름다움을 그녀의 잠 속에서 보인다) *Lucr*..404.

7.2.9. just(=exact)

just가 exact의 의미를 나타낼 때도 있다.

- A *just* seven-night (정확히 7일 밤) *Ado* 2.1.375.
- A *just* pound (정확히 1 파운드) *Merch*. 4.1.327.

7.2.10. mere(=unmixed with anything else, intact, complete)

mere가 complete의 의미를 나타낼 때도 있다.

- the *mere*(=complete) perdition of the Turkish (터키 함대의 전멸) *Oth*. 2.2.3.
- The *mere*(=utter) despair of surgery (의사도 전혀 손을 대지 못하는) *Macb*. 4.3.132.

7.2.11. proper(=own, peculiar)

proper가 own의 의미를 나타낼 때도 있다.

- With my *proper*(=own) hand (내 자신의 손으로) *Cymb*. 4.2.97.
- their *proper* selves (그들 자신) *Temp*. 3.3.60.

7.2.12. very(=true)

very가 true의 의미를 나타낼 때도 있다.

- My *very* friends (나의 진정한 친구들) *Merch*. 3.2.226.

7.2.13. more(=greater), most(=greatest)

more나 most가 great의 비교급과 최상급의 의미를 나타낼 때가 많다.

- Both *more*(=greater=nobles) and less(=smaller=commoners) have given him the revolt (지위 고하를 막론하고 그에게 반기를 들었다) *Macb*. 5.4.12.
- Not fearing death nor shrinking for distress, But always resolute in *most*(=the greatest) extremes (죽음을 두려워하지 않으며, 곤경을 피하지 않고, 극단의 경우에 있어서도 항상 각오가 단단했습니다) *1H6*. 4.1.38.

7.2.14. one(=alone, above all)

one이 최상급과 함께 사용되어 alone 혹은 above all의 의미를 나타낸다.

- *One* the wisest prince (단연 가장 현명한 군주) *H8*. 2.4.49.
- Have I spake *one* the least word? (제가 어떤 한 마디 말씀이라도 한 적이 있습니까?) *H8*. 2.4.153.

7.2.15. right(=real, downright)

right가 부정관사와 함께 쓰여 real 혹은 downright의 의미를 나타내기도 한다.

- I am a *right* maid for my cowardice (저는 겁이 많아 영락없는 숫처녀란 말이에요) *MND*. 3.2.302.

7.2.16. self(=same)

self가 same의 의미를 나타내기도 한다.

- that *self* chain (동일한 그 목걸이) *Err.* 5.1.10.
- one *self* king (동일한 하나의 임금님) *Twelf.* 1.1.39.

7.2.17. several(=different, separate)

several이 different 혹은 separate의 의미를 나타내기도 한다.

- I will this night, In *several* hands, in at his windows throw, As if they came from *several* citizens, Writings all tending to the great opinion That Rome holds of his name (오늘밤 나는 마치 서로 다른 시민들로부터 온 것인 양, 여러 사람의 필적으로 쓰여진 편지를 그의 창문으로 던져 넣어야 하겠다. 그리고 그 모든 편지에서 로마 시민들이 그의 명성을 크게 신임한다고 적어야겠다) *Caes.* 1.2.320-21.
- when every drop of blood That every Roman bears, and nobly bears, Is guilty of a *several* bastardy (모든 로마인들이 지니고 있는, 그것도 고귀하게 지니고 있는 피 한 방울 한 방울이 제각기 진정한 로마인의 피가 아닌 불순한 것이 될 때) *Caes.* 2.1.138.
- and compare their reasons, When *severally* we hear them rendered (그리고 각자 그 분들이 내세우는 명분을 듣고 그것들을 비교해 봐야겠소) *Caes.* 3.2.10.

7.2.18. twenty(=many)

twenty가 막연히 many의 의미로도 사용되었다.

- come kiss me, sweet and *twenty* (자아 자, 나에게 여러 번 키스해줘요) *Twelf.* 2.3.52.

- A common slave . . . Held up his left hand, which did flame and burn Like *twenty* torches join' d (관청의 노예 한 놈이 제 왼쪽 손을 들어 올렸는데, 그 손이 마치 수십 개의 횃불을 합쳐 놓은 듯, 활활 불꽃을 내며 타올랐소) *Caes*. 1.3.17.
- 'Ay me!' she cries, and *twenty* times, 'Woe, woe!' And *twenty* echoes *twenty* times cry so ('아아, 슬프다! 아, 아'라고 여러 번 외치니, 여러 번의 메아리가 그렇게 여러 번 외친다) *Ven*. 833-4.

7.2.19. 수의 표현

수를 셀 때, 현대영어에서는 33을 thirty three라고 하지만, 고대영어 시대에서부터 18세기경까지는 three and thirty라고 했다. 따라서 세익스피어 시대에도 그런 식으로 했다.

- between fourteen and *five-and-thirty* (14에서 35까지) *Ado*. 3.3.141.
- Never, till Caesar' s *three and thirty* wounds Be well avenged (시저의 서른 세 군데 상처 하나 하나에 대해 철저히 복수할 때까지는 결코) *Caes*. 5.1.53.
- Here' s but *two-fifty* hairs on your chin (당신의 턱에는 털이 쉰 두 개밖에 없다) *Troil*. 1.2.171.

8. 동 사

8.1. 동사의 활용과 인칭어미

8.1.1. 동사의 활용

동사의 과거형과 과거분사형이 현대영어의 그것과 다른 것이 많다.

(a) bare(=bore) 형: 현대영어에서 과거가 'o'로 되어 있는 것이 셰익스피어에서는 'a'로 된다.

> bare(=bore), brake(=broke), drave(=drove), spake(=spoke),
> sware(=swore), tare(= tore), ware(=wore).

(b) begun(=began) 형: 현대영어에서 과거가 'a'로 되어 있는 것이 셰익스피어에서는 'u'로 된다.

> begun(=began), drunk(=drank), clung(=clang), run(=ran),
> sprung(=sprang), sung(=sang), sunk(=sank).

(c) arose(=arisen) 형: 과거형을 그대로 과거분사로 사용한다.

> arose(=arisen), fell(=fallen), forsook(=forsaken), froze(=frozen),
> mistook(=mistaken), rode(=ridden), shook(=shaken),
> smote(=smitten), swam(=swum), took(=taken).

(d) bid(=bade or bidden) 형: 현대영어의 과거분사 어미 '-en'이 떨어져 나간 형태가 과거나 과거분사이다.

> bid(=bade, bidden), beat(=beaten), chose(=chosen),chid(=chidden),
> eat(= eaten), hid(=hidden), see(=seen), trod(=trodden),
> writ(=wrote, written).

(e) holp(=helped) 형: 현대영어에서는 사용되고 있지 않는 형태.

> holp(=helped), raught(=reached), shapen(=shaped),
> stricken(=struck), yclad(=clothed).

(f) beated 형: 현대영어에서는 불규칙 변화를 하는 것이 세익스피어 시대에는 규칙변화를 하는 것.

> beated(=beat), becomed(=become), blowed(=blown), builded(=built),
> catched(=caught), shaked(=shook, shaken), weaved(=wove, woven).

(g) contract(=contracted) 형: 't'나 'd'로 끝나는 말, 그리고 -ate로 끝나는 말에는 원형, 과거형, 과거분사형이 동일한 것이 있다.

> heat(=heated), light(=lighted), quit(=quitted), spit(=spat),
> sweat(=sweated), wed(=wedded); confiscate(=confiscated),
> consecrate(=consecrated), create(=created), dedicate(=dedicated),
> felicitate(=felicitated), frustrate(=frustrated),
> incorporate(=incorporated).

8.1.2. 3인칭 단수 현재형의 어미: -(e)s와 -eth

세익스피어 시대에는 3인칭 단수 현재형의 어미로 '-eth'와 '-(e)s'를 사용했다. 대체로 구어체(口語體)에 가까운 문장에서는 '-(e)s'를 사용하고, 문어체(文語體)에 가까운 문장에서는 '-eth'를 사용하는 경향이 있다.

한편 '-eth'는 하나의 음절을 구성하고, '-s'는 음절을 구성하지 않기 때문에 이 두 가지 형태를 적당히 혼합하여 사용하면 시의 운율을 조정하는데 아주 편리하다. 따라서 동일한 시행(詩行)에서 이들 두 가지 형태가 사용되는 일도 흔하다.

> The quality of mercy is not strain'd,
> It dropp*eth* as the gentle rain from heaven
> Upon the place beneath: it is twice blest;
> It bless*eth* him that give*s* and him that take*s*:
> (자비라고 하는 것은 그 성질상 강요할 수 없는 것입니다.
> 그것은 하늘로부터 이 지상으로 내리는 자비로운 비와도 같은 것입니다.
> 그것은 이중으로 축복을 내려줄 수 있으니, 그것은 베푸는 사람을 축복해주고, 동시에 그것을 받는 사람도 축복해 줍니다.) *Merch*. 4.1.184-7.

8.1.3. 3인칭 복수 현재형의 어미: -(e)s와 -eth

3인칭 복수 현재형에는 현대영어의 경우와 마찬가지로 어근(동사원형)을 사용하는 것이 일반적이지만, 때로는 3인칭 단수 현재형의 어미와 동일한 '-(e)s', '-eth'가 복수의 경우에도 사용되는 일이 있었다.

- I know what *thorns* the growing rose *defends* (어떤 가시가 자라나는 장미를 방어해 주는지 나는 알고 있다) *Lucr*. 492.
- She lifts the coffer-lids that close his eyes, Where, lo, two *lamps*, burnt out, in darkness *lies* (여신이 그의 눈을 덮고 있는 뚜껑을 여니, 보라, 거기 두 개의 등불은 다 타버려 어둠 속에 놓여 있다) *Ven*. 1128
- Whiles I threat, he lives: *Words* to the heat of deeds too cold breath *gives* (내가 말로만 위협을 하는 동안은 그는 살아 있다. 말이란 실행의 열기를 서늘하게 식혀주는 입김에 지나지 않으니까) *Macb*. 2.1.61.

- Whose own hard *dealings teaches* them suspect The thoughts of others (그들 스스로 가혹한 짓을 하니까, 다른 사람들의 생각을 의심하게 한다) *Merch*. 1.3.162.
- *Hanging and wiving goes by* destiny (교수형과 결혼은 운수소관이다) *Merch*. 2.9.83.
- *Your patience and your virtue* well *deserves* it (당신의 인내와 인덕에 비추어 그것을 받아 마땅합니다) *AYL*. 5.4.193.
- All his *successors* gone before him *hath* done' t (그 분보다 먼저 돌아가신 그의 계승자들이 모두 다 그렇게 했다) *Wiv*. 1.1.14.
- Three *examples* of the like, *hath* been Within my age (내 생전에만 해도 그와 같은 예가 세 차례나 있었다) *Cor*. 4.6.50.
- Since that the *trade and profit* of the city *Consisteth* of all nations (왜냐하면 이 도시국가의 무역과 이권은 여러 외국에 의존하니까) *Merch*. 3.3.31.
- When, *grief, and blood* ill-temper' d, *vexeth* him (슬픔과 격한 감정으로 인해 그가 괴로움을 당할 때) *Caes*. 4.3.115.

8.1.4. 3인칭 복수 주어를 받는 'is' 와 'be'

3인칭 복수 주어를 'is' 로 받는 예가 세익스피어 작품에 간혹 있다.

- Ill *deeds is* doubled with an evil word (좋지 못한 말이 따르면 악행이 두 배로 따른다) *Err*. 3.2.20.
- For *hands*, to do Rome service, *is* but vain (로마에 봉사할 두 손이 그저 무용지물이 되었을 뿐이기 때문이다) *Tit*. 3.1.80.

또 3인칭 복수 주어를 'be' 로 받는 예도 세익스피어 작품에 종종 있다.

- *Be* my *horses* ready? (말은 준비되었느냐?) *Lear* 1.5.36.
- Where *be* our *men*? (우리 하인들은 어디 있느냐?) *Tim.* 1.2.171.
- Such *men* as he *be* never at heart's ease (그런 사람의 마음에는 결코 만족이 깃들 수가 없다) *Caes.* 1.2.208.
- *These be* the Christian husbands (기독교도 남편들이란 다 이 모양이다) *Merch.* 4.1.295.
- there *be land-rats and water-rats* (육상 쥐와 해상 쥐가 있소) *Merch.* 1.3.23.
- There *be* some *women* (약간의 여자들이 있소) *AYL.* 3.5.124.
- *be* there *bears* i' the town? I think there are (이 읍내에 곰이 있습니까? 있다고 생각합니다) *Wiv.* 1.1.295.

Cf. 3인칭 단수 주어를 'be'로 받는 예도 종종 있는데, I think 등으로 시작하는 종속절에서 사용되는 일이 많다.

- I think this *Talbot be* a fiend of hell (나에겐 이 탈보트란 놈이 지옥의 귀신이라고 생각돼) *1H6.* 2.1.46.
- I think *he be* transform'd into a beast; For I can nowhere find him like a man (그는 짐승으로 둔갑했나 봅니다. 사람 모양을 한 그 사람 같은 것은 그림자도 찾아볼 수가 없으니 말이요) *AYL.* 2.7.1.

8.1.5. 2인칭 단수 어미 '-st'

2인칭 단수 주어 'thou'를 받는 동사의 현재형이나 과거형의 어미는 '-(e)st'로서, 'thou lookest, look'st'; 'thou look(e)dst' 처럼 된다.

조동사도 hast, canst, dost, wouldst, couldst ...등으로 되는데, 어미의 't'가 생략되어 'means thou' 처럼 되는 일도 있다. 또 조동사 중에는 wilt, shalt처럼 어미의 's'가 탈락하는 일도 있다.

'Be' 동사의 2인칭 단수 직설법 현재는 (Thou) 'art' 이고, 과거는 (Thou) 'wast' 또는 'wert' 이며, 가정법 현재는 'be' 이지만 때로는 'beest', 'be' st' 라는 형태도 사용됐다.. 또 가정법 과거는 'wert' 이지만, 그것은 또한 직설법 과거로도 사용된다.

- *Thou speak' st* In better phrase and manner than *thou didst* (너의 말씨나 말의 내용이 전 보다 더 좋아졌구나) *Lear* 4.6.7-8.
- *Thou wilt* not utter what *thou dost* not know (당신은 모르는 일을 입 밖에 내지 않을 것이오) *1H4*. 2.3.113.
- Ay, ay, *thou wouldst* begone to join with Richmond (알았다, 알았어. 그대는 가서 리치몬드와 합세하고 싶단 말이로군) *R3*. 4.4.492.
- *Thou art* too wild, too rude and bold of voice (자네는 너무 난폭하고, 무례하며, 말을 너무 거침없이 하네) *Merch*. 2.2.190.
- If *thou beest* not immortal, look about you (그대가 불사의 신이 아니라면, 신변을 경계하시오) *Caes*. 2.3.7.
- If *thou beest* Stephano, touch me, and speak to me (자네가 스테파노라면 내 몸에 손을 대고 말을 해 주게) *Temp*. 2.2.104.
- If *thou be' st* Prospero, Give us particulars of thy preservation (그대가 프로스페로라면 지금까지 그대가 생존해온 자초지종을 자세히 얘기해 주세요) *Temp*. 5.1.134.
- If that *thou be' st* a Roman, take it forth (만일 공이 로마인이라면 그것을 꺼내 가지시오) *Caes*. 4.3.103.
- Here *wast thou* bay' d, brave hart; Here *didst thou* fall; (용감한 사슴 같은 분이시여, 여기에서 당신은 궁지에 몰리셨사옵니다. 그리고 이 자리에서 당신은 쓰러지셨습니다) *Caes*. 3.1.204-5.
- *thou wast* the forest to this hart (그대는 이 사슴이 뛰어 놀던 숲이었습니다) *Caes*. 3.1.207.
- *Thou wast* a pretty fellow when *thou hadst* no need to care for her

frowning (딸이 우거지상을 해도 상관할 필요가 없을 때 당신은 멋진
사람이었어) *Lear* 1.4.191.
- O, if *thou wert* the noblest of thy strain (아, 그대가 아무리 고귀한 가
문의 일원이더라도) *Caes*. 5.1.59.
- If *thou wert* my Fool, Nuncle, I'd have thee beaten (당신이 내 광대
라면, 우리 아저씨, 나는 당신을 두들겨 패줄 테다) *Lear* 1.5.41.

 한편 '-st'의 어미 [t]와 'thou'의 어두음 [ð]는 그 조음 위치(調音 位
置)가 근접해 있기 때문에, '-st thou'로 되면 [t]가 [ð]에 흡수되어
'what means thou?'처럼 되기도 하고, 또 그와는 반대로 [t]가 [ðau]의
어두 [ð] 뿐만 아니라 그 뒤에 오는 모음 [au]까지도 흡수하여, 결과적으로
주어인 thou 전체가 흡수되어 없어지는 관계로, 결국 주어인 thou가 생략
되어 있는 형태의 문장이 생기게 되는 경우도 종종 있다.

- What mean'*st* by this? (이것이 도대체 무슨 뜻이냐?) *Lear* 2.2.114.
- What woulds*t*? (왜 그러시오?) *LLL*. 1.1.183.
- Wil*t* break my heart? (내 가슴을 찢어 놓겠단 말이냐?) *Lear* 3.4.4.
- Woo'*t* weep? woo'*t* fight? woo'*t* fast? woo'*t* tear thyself? (woo't =
wilt. 울겠느냐? 싸우겠느냐? 단식을 하겠느냐? 옷을 찢겠느냐?) *Ham*.
5.1.298.

8.1.6. 2인칭 단수 어미 -s

 -t로 끝나는 동사의 2인칭 단수의 어미 -test가 발음상의 편의
(euphony)를 위해 -ts로 되는 일이 종종 있다.

- Thou *fleets* (그대는 질주한다) *Sonn*. 19.
- thou . . . *Rivisits* (그대는 . . . 다시 찾아 온다) *Ham*. 1.4.53.

8.2. 시제

8.2.1. 완료형의 두 가지 형식: have + p.p., be + p.p.

타동사의 완료형은 'have + p.p.', 자동사의 완료형은 'be + p.p.'로
했던 과거의 언어 습관이 셰익스피어 시대에도 남아 있었다.

- I *have* not yet *Enter' d* my house (저는 아직 집에도 들어가지 않았습
  니다) *Merch*. 5.1.272-3.
- Sith I *am entered* in this cause so far (이 사건에 그렇게까지 깊이 연루
  되었으니까) *Oth*. 3.3.411.
- I will not rest till I *have run* some ground (어느 정도까지 도망가지 않
  고는 쉬지 않겠습니다) *Merch*. 2.2.111.
- your son *was run* away (당신의 아드님은 달아나셨습니다) *All' s*.
  3.2.46.

그러나 같은 동사에서 위와 정반대로 완료형을 만든 예도 있다

- My life *is run* his compass (be + 타동사의 p.p. 내 생애는 완전히 한
  바퀴 돌았다) *Caes*. 5.3.25.
- Only to seem to deserve well . . . *have* I *run* into this danger (have +
  자동사의 p.p. 그저 훌륭하게 보이고 싶어서 . . . 나는 이 위험에 뛰어
  들었다) *All' s*. 4.3.334.

그러나 대체로 말하면, 운동을 나타내는 자동사의 경우 be 동사를 사용하
여 완료형을 만드는 것이 이 당시의 일반적인 경향이었다.

- The noble Brutus *is ascended* (부루터스 나리께서 등단하셨다) *Caes.* 3.2.11.
- Brutus and Cassius *Are rid* like madmen (부루터스와 캐시어스가 미친 사람처럼 빠져나갔다) *Caes.* 3.2.274.
- The greater part . . . *Are come* with Cassius. Hark! he *is arrived* (주력 부대가 캐시어스공과 함께 왔사옵니다. 들어보시오! 그가 도착했습니다) *Caes.* 4.2.30.
- The deep of night *is crept* upon our talk (이야기하는 사이에 한밤중이 다가왔다) *Caes.* 4.3.226.
- This morning *are* they *fled* away and *gone* (오늘 아침 그것들은 날아가 버려 보이지 않는다) *Caes.* 5.1.84.

8.2.2. 현재완료시제를 대신하는 현재시제

현재시제가 현재완료시제를 대신할 때도 있다.

- How *does* your honour for this many a day? (왕자님, 오래간만이온데 그동안 어떻게 지내셨사옵니까?) *Ham.* 3.1.91.
- That's the worst tidings that I *hear* of yet (그것은 여태껏 들어 본 중에서 최악의 소식이오) *1H4.* 4.1.127.

8.2.3. 현재완료시제를 대신하는 과거시제

- I *saw* him not these many years (나는 여러 해 동안 그를 보지 못했다) *Cymb.* 4.2.66.
- I *did* not *see* him since (저는 그 후 그 분을 뵙지 못했습니다) *Ant.* 1.3.1.

8.2.4. 진행형

어떤 동작이 계속 진행중임을 나타내주는 'be + -ing' 형식은 고대영어 시대에서부터 그 싹이 터 올랐지만, 그것이 성장하여 여러 가지 의미를 지니게 된 것은 18세기 이후였다. 따라서 세익스피어 시대에는 그것이 아직 충분히 발달되지는 않았었다. 그래서 현대 영어에서라면 당연히 진행형을 사용해야 할 경우에 단순형을 사용한 예가 세익스피어 작품에 제법 있다.

- What *dost* thou with thy best apparel on? (dost thou = are you doing. 외출복을 입고 무엇을 하고 있는 것이냐?) *Caes*. 1.1.8.
- Hark, hark! one *knocks*: Portia, go in a while (one knocks = someone is knocking. 조용히, 조용히 하시오! 누가 문을 두드리고 있소. 포셔, 잠시 안으로 들어가시오) *Caes*. 2.1.304.

8.3. 비인칭 동사

언어의 초기단계에서는 비인칭 동사가 많은 것이 특징이다. 왜냐하면 이 시기의 화자(話者)들은 자기 자신의 행위나 감정의 주체가 자기 자신이 아니라 어떤 미지의 것이라고 생각했기 때문이다. 따라서 화자들이 자신의 행위나 감정의 주체가 자기 자신이라는 것을 인식해 감에 따라 비인칭 동사의 수효는 점점 줄어져 갔다. 그래서 영어의 경우, 중세 영어 시대 보다 고대 영어 시대에 비인칭 동사의 수효가 더 많고, 또 현대 영어 시대 보다 중세 영어 시대에 비인칭 동사의 수효가 더 많은 것은 당연하다.

원래 고대 영어 시대의 비인칭 동사에는 주어가 없었다. 그러다가 중세 영어 시대에서부터 '주어 + 술어'라는 문장의 일반 형식에 순응하여 'it'을 주어로 삼게 되었다. 그래서 고대 영어의 'mê lîcep'가 중세 영어 시대에는 'it liketh me' 또는 'it me liketh'로 됐다. 그러다가 근대 영어 시대에는 비인칭의 'it' 대신에 동작이나 행위의 진짜 주체를 주어로 삼게 됐다. 그리하여 'I like'와 같이 되었다. 즉, 원래 비인칭 동사였던 like라는 동사가 'I'라는 인칭을 주어로 갖게 되는 보통의 인칭 동사로 변하게 되었다.

한편, 셰익스피어의 영어는 근대 영어의 초기에 속하기 때문에 그의 작품에는 아직도 중세 영어의 비인칭 동사의 형식이 이따금 남아 있다.

- I'll do't; but *it dislikes me* (그렇게 하겠다. 그러나 마음이 내키질 않는 걸) *Oth.* 2.3.49.
- *It yearns me* not if men my garments wear (남이 나의 옷을 입어도 나는 괜찮소) *H5.* 4.3.26.
- much *it joys me* too To see you are become so penitent (당신이 그토록 뉘우친 것을 보니 저도 정말 기쁩니다) *R3.* 1.2.220.
- *It grieves me* for the death of Claudio (클로디오의 죽음을 나는 가엾게 생각하오) *Meas.* 2.1.294.

또 인칭 동사와 비인칭 동사의 어느 쪽으로도 사용되는 것도 있다.

- *Dio.* I do not *like* this fooling. *Troil.* Nor I, by Pluto: but that that *likes* not you pleases me best (다이오: 나는 이렇게 조롱감이 되는 것을 좋아 안 해. 트로일: 나도 절대 좋아 안 하지. 그러나 네놈이 좋아하지 않는다는 사실이 나를 가장 기쁘게 해.) *Troil.* 5.2.101-3.
- To-morrow, if you *please* to speak with me, I will come home to you (내일, 공이 나에게 할 말이 있다면, 내가 공을 댁으로 찾아가리라) *Caes.* 1.2.308.
- if it will *please* Caesar To be so good to Caesar as to hear me, I shall beseech him to befriend himself (만일 시저께서 기꺼이 소인의 말에 귀를 기울여 주신다 하옵시면, 자신을 잘 돌보시도록 그 분께 간청할까 하옵니다) *Caes.* 2.4.28.

셰익스피어 작품의 비인칭 동사는 이 외에도 charge, faint, fit, import, irk, list, skill, suffice, think등이 있다. think의 경우에는 methinks(=it seems to me)라는 형태가 오늘날까지도 유일하게 비인칭 동사로 남아 있다.

- But answer made it none; yet once *methought* It lifted up it head and did address Itself to motion, like as it would speak (하지만 대답을 하지 않았사옵니다. 하나 제 생각으로는 한 번은 그것이 머리를 들고 마치 말을 하려는 듯한 행동을 취해 보이는 것 같았사옵니다) *Ham.* 1.2.215.

8.4. 가정법과 동사의 형식

고대 영어에서는 가정법(subjunctive mood)이 서상법(敍想法)(thought mood)으로서 마치 현대의 독일어에서와 같이 빈번하게 사용되었다. subjunctive mood는 동작이나 상태를 현실로서보다도 심적 관념(心的 觀念)으로 표시하는 것이다. 따라서 이러한 subjunctive mood는 다음과 같은 여러 가지 기능을 포함한다. 즉, (1) 기원(祈願)의 표시(表示) (2) 계획의 표시 (3) 요망(要望)의 표시 (4) 명령의 표시 (5) 목적의 표시 (6) 양보의 표시 (7) 가능(可能)의 표시 (8) 조건(條件)의 표시 (9) 가정(假定)의 표시의 기능 등이 그것이다.

고대 영어에서는 subjunctive mood가 간접화법(indirect narration)에 특히 빈번하게 사용되었으나, 중세 영어 이후에는 점차 사용되지 않게 되었다. 그리하여 현대 영어에서는 소수의 정형화(定型化)된 구문에서만 subjunctive mood가 사용되고 있다. 따라서 현대 영어 초기에 해당하는 셰익스피어 시대에는 현대 영어에 비해 subjunctive mood가 꽤 더 많이 사용되었다.

8.4.1. 주절에서의 가정법과 동사의 형식

8.4.1(a). 기원(祈願)의 표시:

현대 영어에서는 조동사 may를 사용하여 기원문을 만드는 것이 일반적이지만(예: May you live long!), 셰익스피어 시대에는 가정법 현재(즉, 동사 원형)를 이용하여 꽤 자유롭게 기원문을 만들었다.

- Long *live* she so! and long *live* you to think so! (언제까지나 그런 부인이시기를! 그리고 장군님께서도 언제까지나 그렇게 생각하옵시기를!) *Oth.* 3.3. 226.
- Good night; and better health *Attend* his majesty! (안녕히 계시옵고, 전하께서 곧 쾌차하시옵기를 비나이다) *Macb.* 3.4.121.
- deny me this And an eternal curse *fall* on you! (이것을 거부한다면, 그대들은 영원히 저주를 받아라!) *Macb.* 4.1.105.
- Brutus, The heavens *speed* thee in thine enterprise! (부루터스 나리, 나리의 거사를 하늘이 도와주시옵기를!) *Caes.* 2.4.41.
- Never *come* such division 'tween our souls! (우리 사이에 다시는 그런 불화가 없도록 해 주소서) *Caes.* 4.3.235.

8.4.1(b) 권유(勸誘)의 표시:

현대 영어에서는 주로 'let + 목적어 + 부정사'의 형식으로 권유를 표시하지만, 셰익스피어에서는 가정법으로 주어에 대한 권유를 나타내는 일이 많았다.

- Well, *sit* we down (자, 우리 모두 앉읍시다) *Ham.* 1.1.33.
- *Join* we together (우리가 서로 하나로 합칩시다) *2H6.* 1.1.199.
- Then *walk* we forth, even to the market-place (그리고 나서 우리는 광장에 이르기까지 걸어 나아갑시다) *Caes.* 3.1.108.

- Why, now, *blow* wind, *swell* billow, and *swim* bark! (자 이제 바람아 불어라, 파도야 치솟아라, 배야 달려라) *Caes*. 5.1.67.
- And whether we shall meet again I know not, Therefore our everlasting farewell *take* (그리고 우리가 다시 만나게 될지는 나도 모르겠소. 그러니 영원한 작별을 하도록 합시다) *Caes*. 5.1.116.

　다음은, 부루터스가 혼자 명상에 잠겨, 황제가 되어 독재자가 될지도 모르는 시저에 대해 자기 자신에게 혼잣말을 하는 장면이다. 여기에서도 가정법을 써서 권유를 하는데, 그 권유의 대상은 생략되어 있다. 그 생략된 권유의 대상은 부루터스 자신 즉, I 혹은 부루터스를 포함한 동지들 즉, we임은 물론이다.

So Caesar may.
Then, lest he may, *prevent*. And since the quarrel
Will bear no colour for the thing he is,
Fashion it thus; that what he is, augmented,
Would run to these and these extremities:
And therefore *think* him as a serpent's egg
Which, hatch'd, would, as his kind, grow mischievous,
And *kill* him in the shell.
　　　　(시저도 그렇게 될지 모른다.
그렇다면 그렇게 되지 않도록 미리 막아야 한다.
그런데 현재의 그를 두고는 비난할 만한 대의명분이 없으니,
우선 이렇게 말해보도록 하자, 즉 현재의 그가 성장하게 되면,
이러이러한 극단적인 폭정을 행하게 될지도 모르고,
따라서 깨어 나오는 날에는 그 천성으로 봐서 해를 끼치게 될
독사의 알이라고 그를 생각해서 알 속에 들어 있을 때
죽여 없애 버려야 한다고.) *Caes*. 2.1.27-34.

물론 셰익스피어 시대에도 현대 영어에서처럼 'let'을 사용하여 권유하는
용법이 있었다.

- *let us* not *be* dainty of leave-taking (구구하게 작별 인사를 나누지 말
자) *Macb.* 2.3.150.
- *Let's fetch* him off (그 분을 구해내자) *Cor.* 1.4.62.
- *Let each man render* me his bloody hand (각자 피투성이가 된 손을
이리 주시오) *Caes.* 3.1.184.
- *let that suffice* you (그렇게 알고 계세요) *Oth.* 3.4.131.

8.4.1.(c). 조건문의 귀결절:

현대 영어에서라면 'would[should] be', 'would[should] have'로 되는
조건문의 귀결절이 셰익스피어에서는 'were', 'had'로 되는 일이 많았다.

- He *were* no lion, were not Romans hinds (로마 시민들이 암사슴이
아니라면, 그 역시 사자로는 되지 않을 것이오) *Caes.* 1.3.106.
- that *were* much he should (그것은 그에게 대단한 일이 될 것이오)
Caes. 2.1.188.
- '*Twere* best he speak no harm of Brutus here (이 자리에서 부루터스
나리의 험담을 안 하는 것이 좋을 것이오) *Caes.* 3.2.73.
- This tongue *had* not *offended* so to-day, If Cassius might have ruled
(만일 캐시어스의 뜻대로 했다면, 이 자의 혀가 오늘 이런 악담은 하지
못했을 텐데) *Caes.* 5.1.46.
- it *had* not *been* amiss the rod had been made (회초리를 만든 것은 잘
못이 아니었을 것이오) *Ado.* 2.1.234.
- Troy, yet upon his basis, *had been* down, And the great Hector's
sword *had lack'd* a master, But for these instances (이런 일들이 없
었더라면, 트로이는 이 땅에서 무너졌고, 또 대핵터의 칼도 그 주인을

잃었을 것이다) *Troil*. 1.3.75-6.

- I once did lend my body for his wealth; Which, but for him that had your husband' s ring, *Had* quite *miscarried* (나는 한 때 이 사람의 행복을 위해 내 몸을 저당잡혔었소. 그런데 부인 남편의 반지를 받아간 그 사람이 아니었더라면, 이 몸은 이미 죽어 없어졌을 것이오) *Merch*. 5.1.251.

8.4.1(d). 'I had rather . . .'의 유형.

일종의 원망(願望)이나 충고 등을 나타내는 어법으로 여기에는 'I had rather', 'I would rather', 'I will rather', 'I would sooner', 'I had as soon . . . (as) . . .', 'I had as lief', 'I had liefer', 'I[you, he . . .] had better[best]', 'I[you, he . . .] were good[better, best]' 등이 있다. 현대 영어에서도 일종의 숙어적 표현으로서 널리 사용되고 있는 것들이다.

- Brutus *had rather* be a villager (부루터스는 차라리 성 밖에 사는 촌부가 되고 싶소) *Caes*. 1.2.172.
- I *had rather* be a dog, and bay the moon, Than such a Roman (나는 그러한 로마인이 되기보다는 차라리 개가 되어 달이나 보고 짖는 편이 낫겠소) *Caes*. 4.3.27.
- I' *ll rather* kill myself (차라리 저 자신을 죽이겠습니다) *Caes*. 5.5.7.
- I *will rather* trust a Fleming with my butter, . . . than my wife with herself (난 여편네를 혼자 놔두느니 차라리 내 버터를 플란다스 놈에게 맡기는 것이 마음 편해) *Wiv*. 2.2.316.
- I *rather would* have lost my life betimes, Than bring a burthen of dishonour home (불명예를 등에 지고 귀국하기보다는, 나 같으면 차라리 그 전에 죽어 버렸을 것이야) *2H6*. 3.1.297.
- *Me rather had* my heart might feel your love Than my unpleased

eye see your courtesy (me rather had = to me it had rather 과인의 불
쾌한 눈으로 그대의 허례(虛禮)를 보는 것보다는 차라리 그대의 사랑을
충심으로 느꼈으면 하오) *R2*. 3.3.192.

- You *were best* go in (안으로 들어가시는 것이 좋습니다) *Oth*. 1.2.30.
- Sirrah, you *were best* take my coxcomb (이 봐, 그대는 내 고깔을 쓰
  는 편이 더 좋을 거야) *Lear* 1.4.109.
- Why, I *were best* to cut my left hand off And swear I lost the ring
  defending it (정말이지 나는 내 왼쪽 손을 잘라버리고, 반지를 잃지 않
  으려고 애쓰다가 그렇게 되었노라고 하는 편이 좋겠구나) *Merch*.
  5.1.177.
- And *thou wert best* look to' t (그리고 당신도 조심하는 것이 좋겠소)
  AYL. 1.1.154.
- Madam, *you' re best* consider (아씨, 잘 생각하시는 것이 좋을 겁니다)
  Cymb. 3.2.79.
- Fetch us in fuel; and be quick, *thou' rt best*, To answer other
  business (나무를 가져와라. 다른 볼 일이 있으니까 빨리 하는 것이 좋
  다) *Temp*. 1.2.366.

8.4.2. 종속절에서의 가정법과 동사의 형식

8.4.2(a). 명사절:

주장, 요구, 희망, 기원, 기대, 명령, 제안 등의 대상이 되는 내용은 사실
적인 것이 아니라 장차 있을 가능성이 있는 하나의 생각이므로 고대영어와
중세영어에서는 가정법을 사용했다. 그러나 현대영어에서는 가정법도 사용
하기도 하지만, 대개의 경우는 직설법을 사용하거나, may, shall, will,
should . . . 등의 조동사를 사용한다. 셰익스피어의 영어는 중세영어에서
현대영어로 넘어 가는 과도기에 있었기 때문에, 이러한 경우에 현대영어에
서보다도 더 빈번하게 가정법 동사가 사용됐다.

- I charge thee That thou *attend* me (내 말을 귀담아 들으시오) *Temp.* 1.2.453.
- I hope he *be* in love (그가 사랑에 빠진 모양이군요) *Ado.* 3.2.17.
- I wish my brother *make* good time with him (내 형이 그 놈을 잘 해치 웠으면 좋겠는데) *Cymb.* 4.2.108.
- take heed he *hear* us not (그가 우리들의 말을 듣지 못하게 조심하세 요) *Shr.* 3.1.44.

또 'It is necessary [natural, proper, good, wrong, strange, impossible, possible, wonderful . . .]'에 이어지는 절의 내용이 이른 바 이성적 판단의 성격을 띠는 경우에 가정법을 사용하거나, 또는 현대영어 에서처럼 'should + 동사 원형'으로 했다.

- it is necessary . . . that he *keep* his vow and his oath (서약과 맹세를 그가 지키는 것은 당연합니다) *H5.* 4.7.146.
- 'Tis better that the enemy *seek* us (적으로 하여금 우리를 찾게 하는 것이 더 좋소) *Caes.* 4.3.199.
- There is some grudge between 'em, 'tis not meet They *be* alone (두 분 사이에는 어떤 불화가 일어나고 있소. 두 분만 계시게 하는 것은 합 당치 않은 일이오) *Caes.* 4.3.126.
- 'tis not good that children *should know* any wickedness (애들이 나쁜 것을 아는 것은 좋지 않습니다) *Wiv.* 2.2.134.
- is it possible, on such a sudden, you *should fall* into so strong a liking with old Sir Rowland's youngest son? (로울랜드 경의 막내아 들을 이렇게 갑자기 열렬히 사랑하게 될 수 있어요?) *AYL.* 1.3.27.

또 If, whether, who 등으로 시작하는 종속의문문에서 가정법이 사용되 는 일이 있다. 이 경우에 현대영어에서는 대개 직설법을 사용한다.

- I wonder *if* Titania *be awaked* (티테이니어가 잠이 깨었는지 궁금해) *MND.* 3.2.1.
- I care not *who know* it (누가 그것을 알고 있는지에 대해 저는 개의치 않습니다) *H5.* 4.7.117.
- See, *whether* their basest metal *be* not *moved* (보시오, 천품이 비천한 것들도 감동하지 않는가를) *Caes.* 1.1.66.
- Yes, bring me word, boy, *if* thy lord *look* well, For he went sickly forth (그렇다, 애야. 나리께서 안색이 좋은지 그것을 알아 오너라, 나가실 때는 편찮으셨으니) *Caes.* 2.4.13.

8.4.2(b) 부사절:

가정, 양보, 조건 등을 나타내는 if, an(d) if, unless, though 등에 의해 이끌리는 부사절에서는 가정법을 사용하거나, 아니면 현대영어에서처럼 직설법으로 하거나 또는 여러 가지 조동사를 사용한다.

- *Unless* he *have* a fancy to this foolery (그가 그런 어처구니없는 짓에 마음이 팔리지 않는다면) *Ado.* 3.2.37.
- *but* thou *love* me, let them find me here (그대가 나를 사랑하지 않는다면, 여기서 내가 발각되게 하시오) *Rom.* 2.2.76.
- *If* he *love* Caesar, all that he can do, Is to himself, take thought and die for Caesar (그가 시저를 사랑한다 해도, 그가 할 수 있는 것은 고작 자기 자신에게 가하는 것, 우울증에 빠져 시저를 위해서 죽는 것뿐이오) *Caes.* 2.1.186.
- By the gods, You shall digest the venom of your spleen, *Though* it *do* split you (맹세코, 공은 그 성깔에서 내뿜는 독을 스스로 소화해야 할 것이오. 비록 그것이 공을 찢어 놓는다 해도) *Caes.* 4.3.48.

또 때를 나타내는 접속사(예: before, ere, till, until 등)에 이끌리는 절에서도 가정법이 사용되기도 했다.

- I pardon thee thy life *before* thou *ask* it (네가 요청하기 전에 너를 용서해서 네 생명을 살려 주는 바이다) *Merch.* 4.1.369.
- Speak to thy father *ere* thou *yield* thy breath (너의 숨이 끊어지기 전에 아비한테 말을 해다오) *1H6.* 4.7.24.
- Here will I stand *till* Caesar *pass* along (시저가 지나갈 때까지 나는 여기에 서 있어야 하겠다) *Caes.* 2.3.11.
- Mount thou my horse, and hide thy spurs in him, *Till* he *have brought* thee up to yonder troops, And here again (내 말에 올라타서 힘껏 박차를 가해 저 건너에 있는 군대에까지 달려갔다가 다시 이리로 돌아와라) *Caes.* 5.3.16.

또 목적이나 결과를 나타내는 절에서도 가정법이 사용되기도 했다.

- His funerals shall not be in our camp, *Lest* it *discomfort* us (우리의 사기를 저하시키지 않도록 그의 장례식을 우리 진영에서 치르지 마시오) *Caes.* 5.3.106.
- Make me to see' t; or, at the least, so prove it, *That* the probation *bear* no hinge nor loop, To hang a doubt on (나에게 보여라, 아니면 적어도 의심을 걸어둘 돌쩌귀도 고리도 없다는 증거를 제시해라) *Oth.* 3.3.365.

8.5. 조동사

8.5.1. Shall

Shall과 will의 용법은 현대영어에서도 그 의미와 용법이 복잡한데, 그것

을 셰익스피어 시대의 용법과 비교하면, 이 두 시대 사이에 용법상의 구별
이 있는 것은 아니고, 다만 어떤 용법은 현대에서보다 셰익스피어 시대에
더 빈번했고, 그 반면에 또 어떤 용법은 셰익스피어 시대에서보다 현대에
더 빈번하다. 다시 말해 각 용법의 사용 빈도의 차이가 두 시대 사이에 있을
뿐이다.

　Shall의 어원은 고대영어의 sceal 〈 sculan(=owe)인데, 이러한 어원적
의미와 관련하여 shall은 ought to, 혹은 must, 또는 it is destined와 같
은 의미를 갖는다. 또 이러한 의미(즉, 의무, 운명, 불가피)가 발전하여 필
연, 당연, 예정, 추측, 가능, 명령, 의지 등의 심적 상태를 나타낸다.

- He that parts us *shall* bring a brand from heaven, And fire us hence
  like foxes (shall = must. 우리를 떼어놓으려 하는 놈은 하늘에서 횃불
  을 가져와서 굴에서 여우를 몰아내듯 불을 놓아 우리를 몰아내야 할 것
  이야) *Lear.* 5.3.22-3.
- For the which, as I told you, Antonio *shall* be bound (shall = is to;
  예정. 이미 말했듯이, 그것에 대한 보증은 안토니오 공이 설 것이오)
  Merch. 1.3.4.
- *shall* I know your answer? (shall = can; 가능. 대답을 좀 해주실 수 있
  겠소?) *Merch.* 1.3.7.
- If much you note him, You *shall* offend him and extend his passion
  (shall = will surely; 강한 추측. 여러분께서 주시하시면, 전하의 심기를
  상하게 하시어, 발작을 더욱 오래 끌게 할 것입니다) *Mac.* 3.4.55-6
- You *shall* confess that you are both deceived (shall = will surely; 강
  한 추측. 두 분이 다 잘못 알고 계시다는 것을 인정하게 될 것이오)
  Caes. 2.1.105.
- Caesar *shall* (go) forth (shall = 의지. 시저는 나갈 것이오) *Caes.*
  2.2.10.
- Madam, with all my heart; I *shall* obey you in all fair commands

(shall = 의지. 부인, 모두가 온당한 요청인지라 저는 성심성의를 다해서
부인의 뜻에 따르겠습니다) *Merch*. 3.4.36.

8.5.2. Will

어원적 의미인 의지 외에도 추측, 불가피, 당연, 습관, 습성, 화자의 희망
이나 요구 또는 명령 등의 의미를 나타낸다.

- Sir, I *will* walk here in the hall. If it please his Majesty, . . . I *will* win
  for him if I can; if not, I *will* gain nothing but my shame and the
  odd hits (귀공, 나는 여기 홀 안에서 거닐고 있겠소(의지). 전하께서
  윤허하신다면 . . . 가능하면, 전하를 위해 승리하겠소(의지). 불연이면,
  내 이득이란 몇 점 없어 받았음에도 패배했다는 수치뿐일 테지요(추
  측)) *Ham*. 5.2.179-83.
- If we are like you in the rest, we *will* resemble you in that (그 나머
  지의 일에 있어서도 우리가 당신네들과 같다면, 그 점에서도 당신네들
  과 마찬가지일 게요(추측)) *Merch*. 3.1.70.
- truth *will* come to light; murder cannot be hid long; a man's son
  may, but at the length truth *will* out (진실은 백일하에 드러나기 마련
  이고(불가피 혹은 당연), 살인은 오래 숨길 수 없는 법. 사내의 자식은
  그럴 수 있어도 말입니다. 그러나 결국 진실은 밝혀지고 맙니다(불가피
  혹은 당연)) *Merch*. 2.2.83-5.
- The cat *will* mew and dog *will* have his day (고양이는 야옹 야옹 울
  려하고(습성), 개는 설쳐대려 하겠지(습성)) *Ham*. 5.1.315.
- *You'll* leave your noise anon, ye rascals (이제 그만 조용히 해, 이 불
  한당들아(화자의 요구 혹은 명령)) *H8*. 5.4.1.

8.5.3. Should

Should는 shall의 과거이기 때문에 shall의 용법에 의해 대부분 설명이 가능하다. . . . 해야 한다라는 의무나 당연의 의미 외에도 당혹 혹은 의아의 느낌을 나타낸다.

- Where the devil *should* he learn our language? (그가 도대체 어디서 우리말을 배웠을까?) *Temp.* 2.2.69.
- what *should* be in that 'Caesar' ? (그 '시저' 라는 이름에 도대체 무엇이 들어 있습니까?) *Caes.* 1.2.142.

현대영어에서라면 would를 사용할 곳에 셰익스피어에서는 should가 쓰인 예가 많다.

- Caesar *should* be a beast without a heart, If he should stay at home to-day for fear (오늘 시저가 겁이 나서 집에 머물러 있다고 한다면, 그는 심장이 없는 짐승이 되고 말 것이다) *Caes.* 2.2.42.
- It *should* seem, then, that Dobbin' s tail grows backward (그럼 도빈의 꼬리가 거꾸로 자라는 모양이군요) *Merch.* 2.2.102.

현대영어에서라면 should를 사용할 곳에 셰익스피어에서는 would가 쓰인 예도 있다.

- I *would* be glad to receive some instruction from my fellow partner (동지로부터 어떤 지시를 받으면 좋겠는데요) *Meas.* 4.2.18.
- You amaze me: I *would* have thought her spirit had been invincible against all assaults of affection (놀라운데. 그 아가씨의 기개 같으면 어떠한 사랑의 공격에도 난공불락이라고 나는 생각했었는데) *Ado.* 2.3.119.

8.5.4. Do

현대 영어에서는 be(경우에 따라서는 have 포함) 동사를 제외한 일반동사의 경우 부정문이나 의문문을 만들 때 'do'를 사용하는 용법이 확립되어 있다. 그러나 셰익스피어 시대에는 'do'를 사용하는 방식과 'do'를 사용하지 않는 방식이 공존했다. 그래서, 이를테면, He *does* not sing. He *did* not *sing*. *Does* he *sing*? *Did* he *sing*?라는 방식과 He *sings* not. He *sang* not. *Sings* he? *Sang* he?라는 방식이 공존했다.

또 긍정비의문문(肯定非疑問文)에서, 강조의 의미 없이도 'do'를 사용하는 방식(예: He *does sing*. He *did sing*.)이 보통의 방식(예: He *sings*. He *sang*.)과 더불어 공존했다[현대 영어에서는 He *does sing*.처럼 긍정비의문문에 'do'를 사용하면, 리듬 관계로 사용한 경우(예: Well *do* I *know* him)가 아닌 한, 그것은 동사(앞의 예에서는 sing)를 강조한 것이다]. 따라서 셰익스피어 작품에서 긍정비의문문에 'do'가 사용된 경우, 그것이 동사를 강조하는 강조의 조동사로서의 'do'인지, 아니면 강조의 의미 없이 그냥 사용된 'do'인지는 문맥을 보고 판단하는 수밖에 없다.

한편, 긍정비의문문에서 동일한 의미를 나타내는 데에 두 가지 방법(강조의 의미가 없는 'do'를 사용하는 방식과 보통의 방식)을 사용할 수 있음으로 인해 얻게 되는 편리한 점이 있었는데, 그것은 이 두 가지 방법에서 어느 하나를 필요에 따라 적당히 선택하여 사용함으로써 시행(詩行)에서의 리듬을 맞출 수 있었다는 것이다.

또한 현재형과 과거형이 같은 동사(예: put, set 등)가 들어 있는 긍정비의문문에서 강조의 의미가 없는 'do'를 사용하면 그 문장의 시제가 현재인지 과거인지가 명확해진다. 예를 들면, They put . . . .과 같은 보통의 형식에서는 put이 현재형인지 과거형인지 알 수 없다. 그러나 이 문장을 'do'를 사용하여 나타내면 시제를 분명히 할 수 있는 이점이 있다(왜냐하면, 현재 시제이면 They *do* put . . . . 과거 시제이면 They *did* put . . . .로 할 수 있으니까).이제 셰익스피어 작품에서 긍정비의문문의 'do'가 어떻게 사용되고 있는지를 보자.

> Upon the word,
> Accoutred as I was, I plunged in
> And bade him follow; so indeed he *did*.
> The torrent roar' d and we *did* buffet it
>
> . . . .
>
> I, as Aeneas, our great ancestor,
> *Did* from the flames of Troy upon his shoulder
> The old Anchises bear, so from the waves of Tiber
> *Did* I the tired Caesar. And this man
> Is now become a god, and Cassius is
> A wretched creature and must bend his body,
> If Caesar carelessly but nod on him.
> He had a fever when he was in Spain,
> And when the fit was on him, I *did* mark
> How he *did* shake: 'tis true, this god *did* shake:
> His coward lips *did* from their colour fly,
> And that same eye whose bend *doth* awe the world
> *Did* lose his lustre: I *did* hear him groan:

> (그 말을 듣는 즉시
> 나는 갑옷을 입은 채로 물 속으로 뛰어 들며
> 그에게 따라오라고 했소. 그도 과연 그렇게 했소.
> 격류가 노호하는데, 우리는 그 격류를 헤쳐 나갔소.
>
> . . . .
>
> 나는, 마치 우리의 위대하신 조상 이니어스가
> 트로이의 화염 속에서 늙은 앤카이시스를 어깨에 메고 구해냈듯이,
> 타이버강의 격랑 속에서 기진맥진한 시저를 구해 주었소.

그런데 이 자가 지금에 와서는 마치 신과 같이 되고,
캐시어스는 한낱 처량한 인간이 되어,
시저가 무심결에 고개라도 끄덕여 주면,
허리 굽혀 예를 표해야 한단 말이외다.
그가 스페인에 있을 때 열병에 걸렸는데
발작이 일어나면 얼마나 떠는지를 제 눈으로 목격했소.
사실이오. 이 신과 같은 인물이 떨었단 말이오.
비겁한 그의 입술은 군기를 버리고 도망치는 병사처럼 핏기를
잃었고,
한 번 뜨면 세상을 두려움에 떨게 하는 바로 그 눈은
광채를 상실했소. 나는 그가 신음하는 소리를 들었소.

Caes. 1.2.104-24.

8.6. 부정사

8.6.1. 'to'의 생략과 삽입

　세익스피어 시대에는 부정사 표시로서의 'to'에 일관성이 아직 없었다. 그래서 현대영어에서 to가 붙어 있는 부정사를 사용하는 경우에 세익스피어에서는 to가 없는 부정사를 사용하고, 또는 그와 반대로 현대영어에서 to가 없는 부정사를 사용하는 경우에 세익스피어에서는 to가 있는 부정사를 사용하는 예가 많다.

- you ought not *walk* (너희들은 걸어다녀서는 안 된다) *Caes*. 1.1.3.
- You were wont *be* civil (당신은 평소에 예절이 바르었소) *Oth*. 2.3.190.
- How long within this wood intend you *stay*? (이 숲 속에 얼마나 오래

머물러 있을 셈이요?) *MND*. 2.1.138.

- desire her *call* her wisdom to her (그녀가 현명한 판단을 하기 바라
네) *Lear* 4.5.35.

또 동일 문장 내에서 동일 기능을 함에도 불구하고 어느 부정사에는 to가
붙어 있는 반면 또 어느 부정사에는 to가 붙어 있지 않은 경우도 종종 있다.

- Sir, I desire you *do* me right and justice, And *to bestow* your pity on
me (폐하, 부디 공정한 재판을 해 주십시오. 그리고 제게 폐하의 자비
를 내려 주십시오) *H8*. 2.4.14.

8.6.2. For to + 동사의 원형

셰익스피어 시대에는 to가 없는 부정사 형태, to가 붙어 있는 부정사 형
태 외에 for to가 붙어 있는 부정사 형태도 사용되었다.

- We'll teach you *for to* drink ere you depart (떠나기 전에 술 마시는
법이나 가르쳐 줘야겠구만) *Ham*. 1.2.175.
- which *for to* prevent, I have in quick determination Thus set it down
(그것을 예방하기 위해서 급히 결정하여 이렇게 포고하였다) *Ham*.
3.1.175.
- let your highness, Lay a more noble thought upon mine honour
Than *for to* think that I would sink it here (폐하께옵서는 제가 이런
곳에서 명예를 실추시켰다고는 생각하지 말아주시기 바랍니다) *All's*
5.3.181.
- We will solicit heaven, and move the gods, To send down Justice
for to wreak our wrongs (우리는 하늘에 호소하고, 신들을 움직여서,
정의의 여신을 보내어 우리의 원한을 풀어달라고 해야겠다) *Tit*. 4.3.51.

8.6.3. 수동의 의미를 갖는 능동형 부정사

셰익스피어 시대에는 수동형의 부정사도 사용되었지만, 능동형의 부정사로 수동의 의미를 나타내는 경우도 많았다. 이러한 관습이 현대영어에서도 소수의 관용적 표현에 남아 있다(예: This house is *to let*. He is *to blame*. 등).

- it was a torment *To lay* upon the damn'd (그것은 지옥의 죄인에게 내려진 고통이었다) *Temp*. 1.2.290.
- all his faults observed, Set in a note-book, learn'd and conn'd by rote, *To cast* into my teeth (그의 약점이 모조리 들추어내어져서 수첩에 기록되고, 익히고 암송되어져서, 나를 공격할 자료로 되어지고 있으니) *Caes*. 4.3.99.
- There is no more to *say*? (더 할 이야기는 없소?) *Caes*. 4.3.229.
- That's the next *to do* (그것이 다음으로 할 일이오) *Ant*. 2.6.60.

Cf. 수동형 부정사의 예:
- in this troublous time what's *to be done*? (이 혼란한 때에 무엇을 해야 할까요?) *3H6*. 2.1.159.
- Then have you lost a sight, which was *to be seen*, cannot be spoken of (그렇다면 좋은 구경거리를 놓치셨습니다 그려. 눈으로 봐야지, 말로는 전하기 어려운 광경이었으니까요) *Wint*. 5.2.46.

8.6.4. 부정사의 의미상의 주어

현대영어에서와 마찬가지로 셰익스피어에서도 부정사의 의미상의 주어를 밝혀줄 필요가 있을 때에는 for + 대격어(對格語)(=의미상의 주어) +부정사의 형식을 사용하였다.

- 'Tis good *for men to love* their present pains Upon example (남의 본을 따서 현재의 고통을 소중히 아는 것은 좋은 일이다) *H5*. 4.1.18.
- *for me to put* him to his purgation would perhaps plunge him into far more choler (내가 섣불리 그 분의 홧기를 다스리려고 들다가는 더 큰 홧병을 불러 일으킬지도 모를 일이다) *Ham*. 3.2.317.
- *for Coriolanus* neither *to care* whether they love or hate him manifests the true knowledge he has in their disposition (그들이 자기를 싫어하든 좋아하든 개의치 않는 것은 코리오레이너스 장군께서 그들의 습성을 익히 알고 계시다는 증거일세) *Cor*. 2.2.13.

그러나 부정사의 의미상의 주어가 주격인 경우도 셰익스피어에는 많다.

- and *he To die for' t!* (그리고 그가 그것 때문에 죽어야 하다니!) *Meas*. 2.2.5.
- Heaven would that she these gifts should have, And *I to live* and *die* her slave (이것이 모두 하나님이 그녀에게 뜻하신 선물들이니, 나는 그녀의 종노릇이나 하며 한 평생 살아야지) *AYL*. 3.2.162.
- It is the lesser blot, modesty finds, *Women to change* their shapes than men their minds (얌전한 사람이 보면, 여자가 하는 변복(變服)은 남자의 변심(變心)에 비해 잘못이 적다) *Gent*. 5.4.109.
- *Thou* this *to hazard* needs must intimate Skill infinite or monstrous desperate (이것을 걸고서 까지 나서는 걸 보니, 그대는 무한히 훌륭하든지, 또는 매우 괴상한 기술을 가지고 있음이 분명하다) *All' s*. 2.1.186.

8.6.5. 완료부정사

현대영어와 마찬가지로 셰익스피어 시대에도 소망, 기대, 의도, 예정 등을 나타내는 동사의 과거형에 완료부정사가 결합되면 그 동작이 실제로는 실현되지 못한 것을 나타냈다.

- I thought thy bridebed *to have deck'd*, sweet maid (어여쁜 처녀여, 그대의 신방을 꾸며주려고 생각했건만) *Ham.* 5.1.268.

그러나 현대영어에서라면 단순부정사를 사용할 곳에 완료부정사를 사용하는 일도 세익스피어에는 있다.

- If heaven had pleased *to have given* me longer life And able means, we had not parted thus (만일 하늘이 좀 더 긴 수명과 좀 더 쓸 수 있는 재산을 나에게 주셨더라면, 이렇게 이승을 하직하지는 않았을 터인데) *H8.* 4.2.152.
- If you had pleased *to have defended* it With any terms of zeal (만일 당신이 조금이라도 열정적인 말로 굳이 그것을 지켰더라면) *Merch.* 5.1.204.

8.6.6. 부정사의 다양한 의미

부정사는 현대영어에서도 목적, 원인, 이유, 결과, 조건, 정도, 감탄 등 여러 가지 의미를 나타내지만, 세익스피어에서는 이 외에도 더 다양한 의미를 나타내었다. 그래서 현대영어에서라면 전치사 + 동명사로 표현하는 의미까지도 세익스피어에서는 부정사를 사용하여 나타냈다.

- Be not fond, *To think*[=in thinking] that Caesar bear such rebel blood (어리석은 일이니 시저가 그런 불순한 피를 지니고 있으리라고는 생각하지 마시오) *Caes.* 3.1.40.
- I have o'ershot myself *to tell*[=in telling] you of you (여러분에게 해

서는 안될 말까지 제가 해버렸습니다) *Caes.* 3.2.155.

- You wrong'd yourself *to write*[=by writing] in such a case (그런 경우에 편지를 써서 공은 자신을 모욕했소) *Caes.* 4.3.6.

- you yourself Are much condemned *to have*[=for having] an itching palm; *To sell* and *mart*[=for selling and marting] your offices for gold To undeserves (공 자신도 많은 비난을 받고 있소. 금전을 탐하여 자격도 없는 사람에게 돈을 받고 관직을 판다고 해서 말이오) *Caes.* 4.3.10-11.

- but do not sustain The even virtue of our enterprise, Nor the insuppressive mettle of our spirits, *To think*[=by thinking] that or our cause or our performance Did need an oath (우리의 대의 명분이나 거사가 맹세를 필요로 하고 있다고 생각해서, 우리가 하고자 하는 일의 정당성과 우리의 불굴의 정신을 더럽혀서는 아니 되오) *Caes.* 2.1.135-7.

또 . . . so . . . to . . . 는 현대영어의 . . . so . . . as to . . . 의 의미를 갖는다.

- thou art *so* fond *To come*[=so fond as to come] abroad with him at his request (그가 요청한다고 해서 그를 집밖으로 데리고 나오다니 자네는 정말로 어리석군) *Merch.* 3.3.10.

- this alliance may *so* happy prove *To turn*[=so happy prove as to turn] your households' rancour to pure love (이 결혼이 좋게 되어 자네들 두 집안의 원한이 진정한 사랑으로 바뀔지도 모르네) *Rom.* 2.3.92.

- When Marcus Brutus grows *so* covetous *To lock*[=so covetous as To lock] such rascal counters from his friends (마커스 부루터스가 그토록 탐욕스러워져서 그렇게 추악한 돈을 친구들에게 넘겨주는 것을 거절할 때에는) *Caes.* 4.3.80.

8.7. 동명사

세익스피어 시대에는 −ing라는 어미가 현대영어에서 보다 더 다양한 의미와 기능을 가지고 있었다. 그래서, 예를 들어, '뇌물 받는 것'을 세익스피어에서는 다음과 같이 네 가지 방식으로 표현할 수 있었다.

(a) the taking of bribes
(b) taking bribes
(c) the taking bribes
(d) taking of bribes

(a)의 예:

- This comes too near *the praising of myself* (이렇게 말씀드리고 보니 너무 제 자랑을 한 듯 합니다) *Merch.* 3.4.22.
- that thus hath put him So much from *the understanding of himself* (그로 하여금 그렇게 자신을 헤아리지 못하게 한) *Ham.* 2.2.9.
- Between *the acting of a dreadful thing* And the first motion, all the interim is Like a phantasma, or a hideous dream (가공할 일을 처음으로 계획하여 그것을 실행하기까지, 그 사이의 기간은 온통 환영(幻影) 또는 악몽에 사로잡혀 있는 듯하다) *Caes.* 2.1.64-5.

(b)의 예:

- For *taking bribes* (뇌물을 받았기 때문에) *Caes.* 4.3.3.
- for *pulling scarfs* off Caesar's images (시저의 조상(彫像)에서 천으로 된 장식물들을 제거했기 때문에) *Caes.* 1.2.289.
- Thou spend'st such high-day wit in *praising him* (너는 그런 미사여구를 사용하여 그를 칭찬하는구나) *Merch.* 2.9.98.

(c)의 예:

- Be cunning in *the working this*, and thy face is a thousand ducats (이 일을 교묘하게 꾸며라. 그러면 너의 상금은 일천 더커트이다) *Ado*. 2.2.53.
- You need not fear, lady, *the having any* of these lords (아가씨 그 분들 중 어느 분과도 혼인하실 필요가 없습니다) *Merch*. 1.2.109.
- But, in *the cutting it*, if thou dost shed One drop of Christian blood (그러나 그것을 자를 때 만일 기독교도의 피를 그대가 한 방울이라도 흘린다면) *Merch*. 4.1.309.
- Nay, indeed, if you had your eyes, you might fail of *the knowing me*: it is a wise father that knows his own child (아니, 사실 두 눈이 멀쩡하셔도 저를 못 알아보실 것이옵니다. 현명한 아비라야 제 자식을 알아본다니 말입니다) *Merch*. 2.2.80.

(d)의 예:

- Thou art so fat-witted, with *drinking of old sack* and unbuttoning thee after supper (묵은 술을 마시고 또 저녁 식사 후 옷 단추를 푸는 습성으로 인해 네 머리가 그렇게 둔해졌다) *1H4*. 1.2.3.
- I neither lend nor borrow By *taking* nor by *giving of excess* (나는 이자를 받거나 주면서는 돈을 빌려주지도 빌리지도 않는다) *Merch*. 1.3.63.
- like one Who having, unto truth, by *telling of it*, Made such a sinner of his memory, To credit his own lie (거짓말이 심한 자는 결국 자기의 거짓말을 믿게 될 만큼 기억을 죄인으로 만드는 법인데) *Temp*. 1.2.100.

세익스피어 시대에는 동명사가 동사적 기능을 아직 완전히 발휘하지 못하던 시대였기 때문에, 단순한 -ing형으로 수동의 의미를 나타내기도 하고, 완료의 의미를 나타내기도 했다.

- How 'scaped I *killing*[=being killed] when I cross' d you so? (공에게 그렇게 대들었을 때, 제가 죽음을 어떻게 면했습니까?) *Caes*. 4.3.150.
- I have not 'scaped *drowning*[=being drowned] (나는 익사를 모면하지는 않았다) *Temp*. 2.2.61.
- That' s more to me than my *wetting*[=getting wet or having got wet] (나에게 그것은 단순히 물에 젖는 것에 그치는 것이 아니다) *Temp*. 4.1.211.
- and another storm *brewing*[=(is) being brewed] (그리고 또 한 차례의 폭풍우가 몰려온다) *Temp*. 2.1.19.
- If he steal aught the whilst this play is *playing*[=being played] (이 극이 진행되는 동안에 그 분이 어떤 기미를 살짝 보였는데 그것을 놓치면) *Ham*. 3.2.93.
- Shall we send that foolish carrion, Mistress Quickly, to him, and excuse his *throwing*[=being thrown or having been thrown] into the water (그 천치 바보 퀴클리 댁을 그에게 보내서 그를 물에 던진 것을 사과합시다) *Wiv*. 3.3.206.

그러나 동명사의 수동태나 완료형이 16세기 말부터 서서히 나타나 사용되기 시작하였기 때문에, 세익스피어에서도 동명사의 수동태와 완료형의 예가 보인다.

- 'Twill weep for *having wearied* you (당신을 괴롭혔기 때문에 그것은 눈물짓겠지요) *Temp*. 3.1.19.
- I spoke . . . of *being taken* by the insolent foe (나는 잔인한 적에게 포로가 되었던 일을 말씀드렸습니다) *Oth*. 1.3.137.
- Which would be great impeachment to his age, In *having known* no

travel in his youth (젊은 때 여행을 못해 보면, 늙어선 큰 지장이 생깁니다) *Gent.* 1.3.16.

8.8. a(-)~ing

a(-)~ing의 a는 고대영어의 on(=in 또는 on)에 해당하는 전치사가 음운변화를 하여 된 것으로서, 현대영어의 abed(=in bed), ablaze(=in a blaze), afield(=on a field), ashore(=on a shore), asleep(=on sleep) . . . 등의 접두사 a-에서도 그 예가 남아 있다. 셰익스피어 시대에는 a(-)~ing가 대개 be, come, go, fall, start, send, set . . . 등과 같은 한정된 종류의 동사와 결합한다.

- He's *a-birding* (그는 새 사냥을 하고 있다) *Wiv.* 4.2.8.
- I kill'd the slave that *was a-hanging* thee (너를 교살했던 그 고약한 놈을 나는 죽여버렸다) *Lear* 5.3.274.
- Michael Cassio, That *came a-wooing* with you (당신과 함께 구혼하러 왔던 마이클 카시오) *Oth.* 3.3.71.
- Her husband *goes* this morning *a-birding* (오늘 아침 그녀의 남편은 새 사냥을 나가십니다) *Wiv.* 3.5.46.
- my nose *fell a-bleeding* on Black-Monday last (지난 부활절 다음 월요일에 나는 코피를 흘렸다) *Merch.* 2.5.25.
- whose grim aspect *sets* every joint *a-shaking* (그 무시무시한 모습이 사지를 떨리게 하는) *Lucr.* 452.

9. 부 사

9.1 부사로 사용되는 특별한 격

9.1.1. 명사의 속격(屬格)

명사의 속격이 부사로 사용되는 일이 고대영어에서는 흔했는데, 그 잔재가 오늘날에도 always, nowadays, sometimes, needs . . . 등의 어미 -s에서 보인다. 부사어미인 이 -s는 Sundays, nights, mornings 등처럼 때를 나타내는 명사에 붙어서 오늘날에도 구어나 방언에서는 부사로 사용되기도 하는데, 이것과는 대조적으로 afterwards, backwards, homewards, towards 등의 -wards는 원래 형용사의 속격으로서, -s가 없는 -ward는 대격(對格)이었다. 그런데 이러한 속격의 경우 현대영어에서는 -s라는 어미를 지닌 형태만이 사용되지만, 셰익스피어 시대에서는 -s가 있는 형태와 -s가 없는 형태가 병행해서 사용되었다. 그래서 alway : always, sometime : sometimes, afterward : afterwards, backward : backwards, downward : downwards, homeward : homewards, hereabout : hereabouts, beside : besides, unaware : unawares, out o' door : out o' doors 등의 양쪽이 모두 다 사용되었다.

- may such purple tears be *alway* shed (그런 새빨간 눈물이 항상 흐르기를 바란다) *3H6*. 5.6.64.
- you *always* end ere you begin (당신은 언제든지 시작하기도 전에 먼

저 끝납니다) *Gent.* 2.4.29.

- And *sometime* make the drink to bear no barm (그리고 때로는 술에서 효모를 빼버려 술맛을 망치고) *MND.* 2.1.38.

- and *sometimes* labour in the quern (그리고 때로는 맷돌질을 헛되게 하고) *MND.* 2.1.36.

한편 —ward가 붙은 말은 그것과 그 앞의 요소가 분리되어 그 사이에 명사가 끼어 들어 가는 일도 있다.

- . . . tapers burn'd *to bedward*! (촛불이 다하여 가물가물하며 잠자리에 들 시간을 알려줬다) *Cor.* 1.6.32.

- Their powers are marching *unto Paris-ward* (그들의 군대가 파리를 향하여 행진하고 있다) *1H6.* 3.3.30.

9.1.2. Of + 명사

오늘날 of course, of necessity 따위가 부사구로 사용되듯이, 'of + 명사'가 부사로 사용되는 용법이 셰익스피어 시대에는 오늘날에서보다도 훨씬 빈번했다.

- This is *of purpose* laid by some that hate me (이것은 나를 미워하는 자가 일부러 이렇게 해 놓은 것이다) *H8.* 5.2.14.

- Good reasons must, *of force*, give place to better (좋은 이유라도 더 좋은 이유가 있으면 양보할 수밖에 없는 법이오) *Caes.* 4.3.203.

- when he waked, *of force* she must be eyed (그가 깨어나면, 반드시 그 여자가 눈에 뜨일 것입니다)*MND.* 3.2.40.

또한 'of' 속격과 '-s' 속격이 동시에 사용된 이중속격이 부사적으로 사용되는 일도 있다.

- you must come in earlier *o' nights* (밤에는 좀 더 일찍 돌아오셔야 합니다) *Twelf.* 1.3.5.

9.1.3. What(=why).

what의 대격이 부사적으로 쓰여 why의 의미를 갖는다.

- *What* should I stay . . . ? (어째서 내가 머물러 있어야 하는가 . . . ?) *Ant.* 5.2.316.
- *What* talk you of the posy or the value? (어째서 명문이니 값어치니 하는 말을 합니까?) *Merch.* 5.1.151.
- *What* talk we of fathers, when there is such a man as Orlando? (올란도와 같은 사나이가 있는 이 마당에 왜 가문 얘기를 해?) *AYL.* 3.4.42.

또한 What with . . . what with . . . (=partly by . . . partly by)의 what도 부사용법인데, 세익스피어에서는 with가 없는 형태도 있다.

- A whoreson tisick, a whoreson rascally tisick so troubles me, and the foolish fortune of this girl; and *what* one thing, *what* another, that I shall leave you one o' these days (이 빌어먹을 기침! 나를 괴롭히는 이 악당 같은 기침과 이 처녀의 어리석은 운명 때문에 나는 고생이 많아. 언젠가 이것 저것을 왕자님께 남겨드리죠) *Troil.* 5.3.103.

9.2. 강조의 부사

9.2.1. 형용사와 동일한 형태의 강조의 부사

clean (=quite, entirely)

excellent (=extremely, eminently)

full (=completely, entirely)

great (=greatly, very)

monstrous (=monstrously, very)

marvellous (=marvellously, very)

right (=highly, very)

sore (=violently, very much)

sound (=soundly, very much)

wondrous(=very)

- a pox o' drowning, 'tis *clean* out of the way (빠져 죽는다는 말은 집 어치우게, 그런 생각은 완전히 씻어내 버려) *Oth*. 1.3.360.
- *Excellent good* (아주 좋다) *Oth*. 4.1.213.
- 'Twas pitiful, 'twas *wondrous* pitiful (가련하다, 몹시 가련하다) *Oth*. 1.3.161.

9.2.2. 강조의 부사로 사용되는 명사:

home (=very much)

vengeance (=very, exceedingly)

- I will punish *home* (나는 철저하게 처벌할 테다) *Lear* 3.4.16.
- Accuse him *home* and *home* (그를 아주 철저하게 면박해 주세요) *Meas*. 4.3.148.
- but he's *vengeance* proud (그러나 그 분은 지독하게 오만하시다) *Cor*. 2.2.6.

9.2.3. 강조의 부사로 사용되는 현재분사:

exceeding (=exceedingly, very), passing (=exceedingly, very) . . .
등 많음.

- You grow *exceeding* strange: must it be so? (자네들 너무 소원해지고
  있어. 그래서야 되겠는가?) *Merch.* 1.1.67.
- I' faith 'twas strange, 'twas *passing* strange (정말이지 그것 이상하다,
  아주 이상하다) *Oth.* 1.3.160.
- One fair daughter and no more, The which he loved *passing* well
  (어여쁜 딸 하나 두었으니, 무남독녀 외딸이라, 그 딸을 아비가 아주 극
  진히 사랑했더라) *Ham.* 2.2.403-4.
- my lord, I have a daughter that I love *passing* well (전하, 소신에게는
  애지중지하는 딸이 하나 있사옵니다) *Ham.* 2.2.407-8.

9.2.4. 어미가 -ly인 부사로서 강조의 의미를 나타내는 것들

어미가 -ly인 부사로서, 오늘날에는 속성을 나타내는 부사로서만 사용되
지만 세익스피어 시대에는 강조의 의미를 나타내는 부사로도 사용된 것들
이 있다.

clearly (=completely, entirely, quite)
cruelly (=extremely)
mainly (=completely, quite)
shrewdly (=very much)
throughly (=thoroughly, completely)

- I am *mainly* ignorant (나는 전혀 모른다) *Lear* 4.7.65.

- I am informed *throughly* of the cause (그 사건의 내용은 상세하게 들어서 알고 있습니다) *Merch.* 4.1.173.

Cf. well도 very나 greatly의 의미를 갖는 강조의 부사로도 사용됐다.

- *well* welcome (몹시 환영하다) *Merch.* 4.2.4.

9.2.5. 원급을 강조하는 much:

형용사의 원급을 강조할 때에는 very를 사용하고, 비교급이나 최상급을 강조할 때에는 much를 사용하는 것이 현대영어의 용법이나, 셰익스피어에서는 원급을 강조할 때에 much도 사용됐다.

- I am *much* forgetful (나는 건망증이 심하다) *Caes.* 4.3.255
- What man is there so *much* unreasonable . . . ? (그렇게 터무니없이 구는 남자가 어디 있겠어요?) *Merch.* 5.1.203.

9.3. 긍정과 부정의 부사

9.3.1. Ay

현대영어의 yes와 마찬가지로 보통 앞의 말을 부연하여 긍정의 의미를 강조하지만, 때로는 why(아니!, 글쎄)의 의미를 갖는 감탄사로 쓰이기도 한다.

- *Seb.* But, for your conscience? *Ant. Ay,* sir; where lies that? (세바: 하지만, 당신의 양심은 어떻소? 안토: 아니 글쎄, 양심이란 것이 어디

있겠소?) *Temp*. 2.1.176.

9.3.2. Yea와 nay

yea는 현대영어의 yes에 해당하지만, 그것이 부정이나 경악의 의미를 내포하는 의문문을 이끌 때에는 앞서의 ay와 마찬가지로 why의 의미를 갖는 감탄사로 쓰이기도 한다.

- *Yea*, art thou there? (오냐, 네놈이 거기 있느냐?) *MND*. 3.2.411.

Cf. 현대영어에서는 보통 사용되지 않지만, 세익스피어에서는 certes, verily, in (good) sooth, troth, i' faith, I wis 등이 긍정이나 부정을 강하게 해주는 부사(구)의 역할 즉, 현대영어의 certainly, truly, indeed 등과 같은 역할을 했다.

- for "*Certes*," says he, "I have already chosen my officer" (사실은 이미 부관을 결정했소 라고 말한단 말일세) *Oth*. 1.1.16.
- I *wis* your grandam had a worser match (확실히 당신의 할머니는 결혼 복이 더 나빴다) *R3*. 1.3.102.
- There be fools alive, *I wis*, Silver' d o' er (정말이지 세상에는 은으로 본성을 감추고 있는 바보가 살고 있다) *Merch*. 2.9.68.

9.3.3. Something; somewhat; nothing

세익스피어에서는 something이 다소, 얼마간(=a little, somewhat)의 의미를 갖는 부사로 사용되기도 하고, somewhat이 어떤 것(=something)의 의미를 갖는 대명사로 사용되기도 하며, nothing이 부정(=not, not at all)의 의미를 갖는 부사로 사용되기도 했다.

- he is *something* peevish that way (그는 그런 식으로 약간 고지식하다) *Wiv.*. 1.4.14.
- *Something* too wildly (다소 너무 마구) *Temp.* 3.1.58.
- by *something* showing a more swelling port (다소 분에 넘치는 생활을 함으로써) *Merch.* 1.1.124.
- And *something* from the palace (그리고 대궐에서 다소 떨어져 있는) *Mac.* 3.1.132.
- *somewhat* we must do (무언가를 우리는 해야한다) *R2.* 2.2.116.
- We doubt it *nothing* (우리는 그것을 전혀 의심하지 않습니다) *Macb.* 5.4.2.
- I am *nothing* jealous (나는 전혀 의심하지 않소) *Caes.* 1.2.162.
- to speak the truth Shall *nothing* him (사실을 말씀드린다 해도 그 분에게 전혀 해로울 것은 없을 것입니다) *Oth.* 2.3.224.
- *Nothing* afeard (전혀 두려워하지 않고) *Macb.* 1.3.96.
- *nothing* undervalued To Cato's daughter (카토의 딸에 비해 조금도 손색이 없다) *Merch.* 1.1.165.

9.3.4. No(=not)

현대영어에서라면 당연히 not을 써야 할 곳에 셰익스피어에서는 no를 쓰기도 했다.

- if *no*, then thou art doom'd to die (그것을 못하면, 그대는 죽을 운명에 놓일 것이다) *Err.* 1.1.155.

9.3.5. Never so(=ever so)

현대영어에서라면 ever so를 써야할 곳에 셰익스피어에서는 never so를 썼다(이러한 경향은 19세기까지 계속됐다).

- who would give a bird the lie, though he cry 'cuckoo' *never so*? (그 새가 쉴 새 없이 '오쟁이진 사내' 하며 울어댄다고 해도, 누가 감히 그 새에게 거짓말을 한다고 다그칠 수 있겠는가?) *MND.* 3.1.139.
- and creep time *ne'er so* slow, Yet it shall come for me to do thee good (그리고 시간의 발걸음이 아무리 느리더라도, 내가 네게 호의를 베풀 날은 반드시 올 것이다) *John* 3.3.31.

9.4. 때를 나타내는 부사

9.4.1. After(=afterwards)

셰익스피어 시대에는 after가 나중에(=afterwards)의 의미를 나타내는 부사로 사용되기도 하였다.

- First, let her show her face, and *after* speak (먼저 그녀의 얼굴을 보이게 하고, 그 다음에 말을 시키시오) *Meas.* 5.1.168.
- if you know That I do fawn on men and hug them hard And *after* scandal them (만일 공이 저를, 사람들에게 아첨하여 그들을 굳게 포옹하고는 나중에 험담이나 하는 그런 사람으로 아시고 계시다면) *Caes.* 1.2.76.

9.4.2. Anon(=immediately, presently)

셰익스피어 시대에는 anon이 곧바로(=immediately)의 의미를 나타내는 부사로 많이 사용되었다.

- Get you away; I' ll send for you *anon* (당신은 저리 비켜. 곧 당신을
부르러 사람을 보낼 터이니) *Oth*. 4.1.270.
- *Anon* comes one with light to ope the tomb (곧 횃불을 든 사람이 납
골당을 열기 위해 왔다) *Rom*. 5.3.283.
- dear love, adieu! *Anon*, good nurse! (사랑하는 님이시여, 안녕히 가
세요! 곧 가요, 유모!) *Rom*. 2.2.137.

9.4.3. presently(=immediately, at once)

presently가 현대영어에서는 머지않아(=before long) 혹은 지금(=at
present)의 의미를 나타내지만, 셰익스피어 시대에는 즉시
(=immediately, at once)의 의미를 나타냈다.

- Go, *presently* inquire, and so will I (즉시 가서 수소문해 보게. 나 역
시 그렇게 할 터이니) *Merch*. 1.1.183.
- They *presently* amend (그들은 즉시 완쾌되옵니다) *Macb*. 4.3.145.
- I' ll send her to you *presently* (당장 그녀를 당신에게 보내드리겠습니
다) *Oth*. 3.1.38.
- I shall attend you *presently* at your tent (즉시 당신의 텐트로 찾아 뵙
겠습니다) *Lear* 5.1.33.
- Which *presently* they read (그 분들은 즉시 그것을 읽었습니다) *Lear*
2.4.34.
- I' ll board him *presently* (즉시 그 분에게 말을 걸어 보겠습니다) *Ham*.
2.2.170.
- My lord, the Queen would speak with you, and *presently* (왕자님,
중전마마께서 왕자님과 말씀을 나누고 싶어하시옵니다, 지금 당장)
Ham. 3.2.392.
- But let this same be *presently* perform' d (하오나 이 제안을 즉시 시

행해 주소서) *Ham*. 5.2.404.

9.4.4. By and by(=immediately, at once)

By and by가 현대영어에서는 머지않아(=before long)의 의미로 사용되지만, 세익스피어 시대에서는 즉시(=immediately, at once)의 의미로 사용됐다.

- *Nurse*. Madam! *Jul. By and by*, I come (유모: 아가씨! 줄리어: 지금 즉시 갑니다) *Rom*. 2.2.152.
- meet me *by and by* at the citadel (즉시 성채에서 만나도록 하세) *Oth*. 2.1.291.
- And *by and by* I will to thee appear (내 즉시 그대에게 돌아올 거요) *MND*. 3.1.89.
- For in the temple, *by and by*, with us These couples shall eternally be knit (왜냐하면 신전에서 곧 우리와 함께 이들 두 쌍도 영원히 결합을 시켜야 하겠기 때문이오) *MND*. 4.1.185.

9.4.5. Briefly

Briefly가 현대영어에서는 간단히(=in a few words)의 의미로 사용되지만, 세익스피어 시대에서는 그 외에도 급히(=quickly, in a sort time) 혹은 최근에(=lately)의 의미로도 사용되었다.

- Let's *briefly* put on manly readiness (급히 적절한 복장을 갖추어 입읍시다) *Macb*. 2.3.131.
- 'Tis not a mile; *briefly* we heard their drums (일 마일도 안 된다. 조금 전 까지만 해도 그들의 북소리를 들었다) *Cor*. 1.6.16.

9.4.6. Suddenly

Suddenly가 현대영어에서는 갑자기(=unexpectedly, all at once)의 의미로 사용되지만, 셰익스피어 시대에서는 그 외에도 즉시(=immediately, quickly, presently)의 의미로도 사용되었다.

- I will leave him and *suddenly* contrive the means of meeting between him and my daughter (그를 떠나, 그 분과 내 딸이 서로 만날 수 있도록 하는 방안을 즉시 강구해야겠다) *Ham*. 2.2.212.
- I will your very faithful feeder be And buy it with your gold right *suddenly* (저는 기꺼이 당신들에게 충실한 양치기 노릇을 하여 드리죠. 그리고 지금 즉시 당신들의 돈으로 그것을 사도록 하죠) *AYL*. 2.4.100.

9.4.7. Still

셰익스피어 시대에는 still이 항상(=always, ever, constantly)의 의미로도 사용되는 경우가 많았다.

- and my misgivings *still* Falls shrewdly to the purpose (그리고 내가 두려워하는 일은 언제나 불행하게도 그대로 맞아떨어진다는 것이오) *Caes*. 3.1.145.
- Let grief and sorrow *still* embrace his heart That doth not wish you joy! (너희들의 행복을 바라지 않는 자들에게는 항상 슬픔을 내려 주소서) *Temp*. 5.1.214.
- I should be *still* Plucking the grass, to know where sits the wind (나는 항상 풀을 뜯어 바람의 방향을 알아 봐야 할 것이다) *Merch*. 1.1.17.

9.4.8. Since(=ago)

현대영어에서라면 ago를 써야 할 곳에 since를 쓰는 일이 세익스피어 시대에서는 흔했다.

- Some six months *since* (약 6개월 전에) *All's* 1.2.71.
- the daughter of a count That died some twelvemonth *since* (약 1년 전에 돌아가신 어느 백작의 딸) *Twelf.* 1.2.37.

9.5. 기타의 부사

9.5.1. Again(=back, in return)

음향이나 어떤 특수한 동작을 나타내는 동사와 함께 쓰인 again은 back 혹은 in return의 의미를 나타내는 경우가 많다.

- why I answer'd not *again* (내가 왜 대꾸를 하지 않았는지) *AYL.* 3.5.132.
- And the king's rouse the heavens shall bruit *again* (그러면 하늘도 국왕의 축배에 화답할 것이다) *Ham.* 1.2.127.
- I would applaud thee to the very echo, That should applaud *again* (내가 그대에게 박수갈채를 보내 그 소리가 메아리가 되어 울리고, 그 메아리가 되돌아와 그대를 찬양하게 할 것이니라) *Macb.* 5.3.54.

또 again이 on the other hand의 의미를 나타내는 때도 있다.

- Have you, Ere now, denied the asker, and now *again*(=on the other hand), Of him that did not ask but mock, bestow Your sued-for tongues? (그래, 여러분은 전에는 격식에 맞추어 부탁하던 후보자의 간청도 거절한 적이 있으면서, 간청하기는커녕 조롱하는 자에게서 부탁받은 지지표를 던져주어 버리고 말았단 말이오?) *Cor.* 2.3.214-7.

9.5.2. Almost(=even)

Almost가 셰익스피어 시대에는 even의 의미로도 사용되었다.

- ere, *almost*, Rome Should know we were afoot (우리가 군대를 움직였다는 것을 로마인들이 미처 알기도 전에) *Cor.* 1.3.24.
- Would you imagine, or *almost* believe . . . ? (상상인들, 더구나 믿긴들 하겠소?) *R3.* 3.5.35.
- or could you think, Or do you *almost* think, although you see . . . ? (또는 당신은 생각인들 할 수 있습니까? 비록 눈에 보이더라도, 실제로 보고 있다고 생각조차 됩니까?) *John* 4.3.43.

9.5.3. But(=only)

셰익스피어 시대에는 but이 only의 의미를 지닐 때에도 또 only와 함께 사용되기도 했다.

- I intend *but only* to surprise him (나는 그를 단지 놀라게만 하려고 한다) *3H6.* 4.2.25.
- He *only* lived *but* till he was a man (그는 이제 겨우 대장부에 이른 만큼 짧은 인생을 살았다) *Macb.* 5.8.40.
- My lord your son had *only but* the corpse, *But* shadows and the shows of men, to fight (각하, 각하의 아드님은 겨우 인간의 신체만을,

즉 인간의 그림자와 모습만을 가지고 싸웠습니다) *2H4*. 1.1.192.

9.5.4. Even(=exactly, just)

현대영어에서와는 달리 세익스피어에서는 even이 exactly, precisely, just의 의미로도 사용되었다.

- And, in a word, but *even* now worth this, And now worth nothing? (한 마디로 말해서 바로 지금 이렇게 많은 재산이 순식간에 무일푼으로 될 수도 있지 않은가?) *Merch*. 1.1.35.
- and *even* now (바로 지금) *Merch*. 3.2.171.
- And *even* but now return'd (바로 지금 막 돌아왔다) *Merch*. 5.1.272.
- *Even* there where merchants most do congregate (대다수의 상인들이 운집해 있는 바로 그 곳에서) *Merch*. 1.3.50.
- And many worthy and chaste dames *even* thus, All guiltless, meet reproach (그리고 바로 이렇게 훌륭하고 정숙한 많은 부인들이 아무 죄가 없으면서도 누명을 쓰게 된다) *Oth*. 4.1.47.
- *Cas*. And died so? *Brut*. *Even* so (캐시어스: 그렇게 돌아가시었소? 부르터스: 바로 그렇소) *Caes*. 4.3.157.

9.5.5. Happily(=perhaps)

- Which, *happily*, foreknowing may avoid (사전에 알면 아마도 피할 수 있을 지도 모르는 것) *Ham*. 1.1.134.
- *Happily* he is the second time come to them (그는 아마 제 2의 유아기를 맞이한 모양입니다) *Ham*. 2.2.402.
- And *happily* repent (그리고 아마도 후회하실 지도 모릅니다) *Oth*. 3.3.238.

- *Happily*, when I shall wed (아마도, 내가 결혼하게 되면) *Lear*
1.1.102.

9.5.6. hardly(=with difficulty)

현대영어에서와는 달리 셰익스피어에서는 hardly가 with difficulty의
의미로도 사용되었다.

- this oracles are *hardly* attained, and *hardly* understood (이런 신탁은
성취되기 어렵고, 또 이해하기도 어렵다) *2H6*. 1.4.74.
- I was *hardly* moved to come to thee (내 마음을 힘겹게 움직여 당신
에게 왔소) *Cor*. 5.2.78.

9.5.7. Jump(=exactly, just)

현대영어에서와는 달리 셰익스피어에서는 jump가 exactly의 의미로도
사용되었다.

- *jump* at this dead hour (쥐 죽은 듯 조용한 바로 이 시각에) *Ham*.
1.1.65.
- bring him *jump* when he may Cassio find Soliciting his wife (캐시오
가 그의 아내에게 간청하고 있는 바로 그 순간에 그를 그리로 데리고
가라) *Oth*. 2.3.392.

9.5.8. Out(=fully, completely, thoroughly)

- thou wast not *Out* three years old (너는 만 세 살도 되지 않았다)
Temp. 1.2.41.

- thou hast beat me *out* Twelve several times (당신은 나에게 열 두 번이나 처절한 패배를 안겨 주었소) *Cor.* 4.5.127.

9.5.9. Roundly(=straightforwardly)

- And fell so *roundly* to a large confession To angle for your thoughts (당신의 생각을 꺼내려고 그렇게 거리낌없이 말을 했습니다) *Troil.* 3.2.161.

round도 straightforwardly의 의미로 사용되기도 했다.

- No, I went *round* to work, And my young mistress thus I did bespeak (아니옵니다. 소신은 즉시 손을 써서 여식에게 이렇게 타일렀습니다) *Ham.* 2.2.140.

9.5.10. Severally(=separately)

- When *severally* we hear them rendered (각자 그것들의 설명을 듣고서) *Caes.* 3.2.10.

9.5.11. So(=well, very well, good)

so가 만족이나 승낙의 의미를 나타내기도 한다.

- *So*, Lie there, my art (자, 마술이여, 거기 좀 쉬어 있거라) *Temp.* 1.2.24.
- Before you can say 'come' and 'go,' And breathe twice and cry '*so, so*' (당신이 '갔다 오너라' 하는 말씀도 떨어지기 전에, 채 숨도 두

번 쉬기 전에, 그리고 '그래, 그래' 라고 하시기도 전에) *Temp.* 4.1.45.
- But yet thou shalt have freedom: *so, so, so* (그러나 너를 자유롭게 해
  방시켜 주마. 그래, 그래, 그래) *Temp.* 5.1.96.
- If he will take it, *so*; if not, adieu (그 분께서 그것을 받아 주신다면,
  좋소이다; 싫으시다면, 이만 작별이외다) *Merch.* 1.3.170.

9.5.12. To

현대영어에서도 Shut the door to(문을 닫으시오), The door fell to(문
은 어느새 닫혔다), Is the door to? (문은 닫혀 있습니까?), bring a ship
to(배를 멈추다), bring a person to(남을 제 정신이 들게 하다), come
to(제 정신이 들다), We fell to with a good appetite(우리는 식욕 왕성하
게 먹기 시작했다), They turn to with good will(그들은 진지하게 일을
시작했다) 등의 경우에서처럼 to가 평상상태(平常狀態)에(로), (꼭) 닫혀서,
정지하여, 활동을 시작하여, 작동하여 등의 의미를 갖는 부사로 사용되는
데, 셰익스피어 시대에는 이러한 용법이 현대영어에서보다 훨씬 더 빈번하
게 사용되었다.

- Welcome; fall *to* (자, 어서 드시오) *AYL.* 2.7.171.
- I will stand *to* and feed (용기를 내어 식사를 하겠다) *Temp.* 3.3.49.
- (it) . . . makes him stand *to*, and not stand *to* (그것은 그로 하여금 일
  에 착수케 하는가 하면 꽁무니를 빼게 하기도 한다) *Macb.* 2.3.38.

Cf. 셰익스피어에서 빈번하게 사용되는 go to가 일종의 감탄사 역할을
하기도 한다.

- *Go to, go to*; you have known what you should not (저런, 저런, 알
  아서는 안될 일을 알고 말았구나) *Macb.* 5.1.51.

- *Go to*, here's a simple line of life (젠장, 여기 이 생명선은 그저 그렇구나) *Merch*. 2.2.169.
- *Go to*; away! (자, 어서 가!) *Temp*. 5.1.297.
- Well then, it now appears you need my help: *Go to*, then; you come to me, and you say (자 그런데 나리께서는 이제 제 도움이 필요한 듯 싶소이다 그려. 이거야 원, 이제 나리께서는 제게 오셔서 말씀하십니다) *Merch*. 1.3.116.

9.5.13. Too

현대영어에서라면 also를 써야 할 경우에 too를 쓰는 일이 세익스피어에는 많다.

- wild and yet, *too*, gentle (사납고 그러면서도 얌전한) *Err*. 3.1.110.
- It shall be merciful, and *too* severe (그것은 인정에 넘치며 또한 냉혹할 것이다) *Ven*. 1155.
- then you scratch'd your head, And *too* impatiently stamp'd with your foot (그 때 나리께서는 머리를 긁으시면서 또한 참을 수 없으신 듯 발을 구르셨사옵니다) *Caes*. 2.1.244.

9.5.14. Where(=there)

'보다' 라는 의미를 지닌 동사 즉, behold, lo, look, see 따위와 같은 동사 다음에 오는 where는 there를 의미한다.

- look, *where* he comes (보세요, 저기 그 분이 오시네요) *Wiv*. 2.1.106.
- lo, *where* it comes again! (보시오, 저기 그것이 다시 나타났소) *Ham*. 1.1.126.

- Behold, behold, *where* Madam Mitigation comes! (저기 봐, 저기 봐, 저기에 그 치유전문가 부인이 나타나는군!) *Meas*. 1.2.45.

9.5.15. p.p.가 생략된 주어 + be + 부사의 구문.

be 동사 다음에 부사만이 온 다음과 같은 문장은 'said', 'spoken', 'done'과 같은 말이 생략된 문장이라고 할 수 있다.

- That's *worthily* (spoken) (그것은 훌륭한 말씀이오) *Cor*. 4.1.53.
- That's *verily* (done) (그것은 사실입니다) *Temp*. 2.1.321.
- Lucius' banishment was *wrongfully* (done) (루시어스의 추방은 부당했습니다) *Tim*. 4.4.55.

10. 접속사

10.1. 접속사의 첨가어로서의 as와 that

셰익스피어에서는 접속사 다음에 that을 첨가하여 사용하는 일이 많았다 (예: after that, because that, before that, but that, ere that, for that, how that, if that, as if that, in that, lest that, moreover that, now that, since that, sith that, so that, though that, till that, when that, where that, whether that, while that, why that 등). 또 접속사 다음에 as를 첨가하여 사용하는 일도 있다(예: after as, thereafter as, when as, where as, while as, what time as 등).

또한 접속사 다음에 첨가어로서 첨가된 that은 생략되고, and나 but이나 or와 같은 대등 접속사로 연결된 대등절에 that이 첨가되는 경우도 있다.

- *Before* we met or *that* a stroke was given (우리가 접전을 하기 전에, 혹은 일격을 가하기 전에) *1H6*. 4.1.22.
- *When* he had carried Rome and *that* we look'd For no less spoil than glory (그가 로마를 정복하여 우리가 승리의 영광을 목전에 두게 된 때에) *Cor*. 5.6.43.
- *sith* wives are monsters to you, And *that* you fly them (당신에겐 아내가 괴물이고, 그래서 아내로부터 도망가려 하니까) *All's* 5.3.155.
- *Though* yet of Hamlet our dear brother's death The memory be

green, and *that* it us befitted To bear our hearts in grief (경애하는 형 햄릿 선왕께서 붕어하신 것이 아직도 생생한 기억으로 남아있는지라, 우리의 가슴속에는 슬픔이 사무쳐 있지만) *Ham.* 1.2.1-2.

한편 현대영어에서는 일반적으로 생략하지 않는 that이 세익스피어에서는 생략되는 일이 많은 구문도 있다.

- I am *so* much a fool (*that*), should I stay longer, It would be my disgrace (저야말로 어리석기 짝이 없는 위인인가 보옵니다. 더 이상 지체한다면, 이는 저에게 욕이 될 것이옵니다) *Macb.* 4.2.28.
- the age is grown so picked that the toe of the peasant comes *so* near the heel of the courtier, (*that*) he galls his kibe (세상이 어찌나 각박해졌는지 농사꾼의 발끝이 대감의 발뒤꿈치를 바싹 뒤쫓아와서 상처난 그 발뒤꿈치를 건드려 벗겨 놓는단 말일세) *Ham.* 5.1.153.
- I rather choose To wrong the dead, to wrong myself and you, Than (*that*) I will wrong such honourable men (저는 그런 고결하신 분들을 욕되게 하기보다는 오히려 돌아가신 분을 욕되게, 자신과 여러분을 욕되게 하기를 택하겠습니다) *Caes.* 3.2.132.

10.2. 때를 나타내는 접속사

10.2.1. When = when that = when as

- *When that* the poor have cried (가난한 사람들이 울 때) *Caes.* 3.2.96.
- *When as* your husband . . . Came to my house (당신의 남편이 저의 집에 왔을 때) *Err.* 4.4.140.

Cf. when이 반대나 대립을 나타내기도 한다:

- you rub the sore, *When* you should bring the plaster (종기에는 고약을 붙여야 하는데, 그 종기를 긁어 놓은 격입니다) *Temp*. 2.1.139.
- O my Antonio, I do know of these That therefore only are reputed wise For saying nothing, *when*, I am very sure, If they should speak, would almost damn those ears Which, hearing them, would call their brothers fools (아 여보게, 안토니오 공, 나는 알고 있네, 입을 벌려 아무 말도 하지 않는다고 해서 현명하다는 평을 듣고 있는 작자들 말일세. 내 장담하지만, 그런 자들이 입을 열었다 하면 그 말을 듣고는 동포를 바보라고 부를 수밖에 없는 것이니, 들은 귀가 천벌을 받을 것이야) *Merch*. 1.1.97.

10.2.2. Where = whereas

- this is like the mending of highways In summer, *where*(=when) the ways are fair enough (이거야말로 길을 전혀 고칠 필요가 없는 여름철에 도로를 고치는 격이다) *Merch*. 5.1.264.
- Were my lord so, his ignorance were wise, *Where*(=whereas) now his knowledge must prove ignorance (전하께서 그러하시다면, 그 모르시는 것이 현명하실 것입니다. 아는 것이 오히려 무식을 드러낼 것이 틀림없으니까요) *LLL*. 2.1.103.
- 'tis his highness' pleasure You do prepare to ride unto Saint Alban's, *Where as*(=where) the king and queen do mean to hawk (폐하의 분부십니다. 세인트 올반즈로 수행할 준비를 하시랍니다. 그 곳에서 폐하께서 왕비와 함께 매사냥을 하시고자 하십니다) *2H6*. 1.2.58-9.

10.2.3. What time(=when)

- He shall conceal it Whiles you are willing it shall come to note, *What time* we will our celebration keep According to my birth (당신이 세상에 밝혀도 좋다고 하실 때까지는 그것을 비밀로 해 달라고 그에게 부탁하겠어요. 그리고 그 때가 오면 제 신분에 합당하게 결혼식을 올리도록 합시다) *Twelf.* 4.3.30.

10.2.4. While = while as = while that = whiles = whilst etc.

- *While as* the silly owner of the goods Weeps over them (그 물건의 불쌍한 주인이 그것을 보고 울고 있는 동안에) *2H6.* 1.1.225.
- *while that* the coulter rusts That should deracinate such savagery (그러한 잡초들을 뽑아야 할 보습날이 녹슬고 있는 동안에) *H5.* 5.2.46.
- I have drunk poison *whiles* he utter'd it (그가 말하는 동안 나는 독약을 마시는 기분이었습니다) *Ado* 5.1.253.

While이 till 혹은 until의 의미로도 사용된다:

- *while* then, God be with you! (그 때까지 안녕히들 가시오) *Macb.* 3.1.44.
- He shall conceal it *Whiles* you are willing it shall come to note (당신이 그것을 세상에 밝혀도 좋다고 하실 때까지는 그것을 비밀로 해달라고 그에게 부탁하겠어요) *Twelf.* 4.3.29.
- We'll browse on that, *Whilst* what we have kill'd be cook'd (우리가 잡은 것을 요리하는 동안 그것을 먹도록 하자) *Cym.* 3.6.39.

10.2.5. Against = 'gainst(=in expectation of the time when, by the time when)

- In the mean time, *against* thou shalt awake, Shall Romeo by my

letters know our drift, And hither shall he come (그러는 동안 아가씨
가 깨어날 때를 대비해서 서신으로 로미오 도련님에게 우리의 계획을
알려주고, 그를 이리로 오게 할 것이오) *Rom.* 4.1.113.

- ever *'gainst* that season comes . . . The bird of dawning singth all
night long (그 계절이 올 때쯤이면 언제나 새벽을 알리는 닭이 밤새 노
래를 부른다) *Ham.* 1.1.163.

- I' ll charm his eyes *against* she do appear (그녀가 올 때까지 그의 눈
에 마술을 걸어두겠다) *MND.* 3.2.99.

10.2.6. Or ere = or ever(=before)

- A little month, *or ere* those shoes were old (겨우 한 달, 그 신발이 미
쳐 닳기도 전에) *Ham.* 1.2.147.

- Would I had met my dearest foe in heaven *Or ever* I had seen that
day, Horatio (그런 날을 보기 전에 차라리 천당에서 철천지원수를 만
났으면 좋겠네) *Ham.* 1.2.183.

- Had I been any god of power, I would Have sunk the sea within the
earth *or ere* I should the good ship so have swallow' d and The
fraughting souls within her (제가 만일 힘을 가진 신이었다면, 그 좋은
배와 그 배에 타고 있는 분들을 그 바다가 삼키기 전에, 그 바다를 땅
밑에 가라앉게 하였을 텐데) *Temp.* 1.2.11.

10.3. 이유를 나타내는 접속사

10.3.1. Since = sith = sithens = sithence etc.

- Fare thee well, King: *sith* thus thou wilt appear, Freedom lives hence, and banishment is here (안녕히 계시옵소서, 전하. 전하께서는 그토록 확고하신 듯 하오니, 이 나라에서는 자유는 사라지고, 추방만이 깃들 것이옵니다) *Lear* 1.1.183.

- which I held my duty speedily to acquaint you withal; *sithence*, in the loss that may happen, it concerns you something to know it (그것을 당신에게 신속하게 알리는 것이 저의 의무라고 생각했습니다. 어떤 불상사가 생길 때 당신께서 알고 계신 것이 좋을 것이기 때문이지요) *All's* 1.3.124.

10.3.2. For = for that = for because = for why

- And, *for* the morning now is something worn, Our purposed hunting shall be set aside (그리고 이젠 아침도 다 간 모양이니, 계획했던 사냥은 중지시키겠소) *MND*. 4.1.186.

- Why should this a desert be? *For* it is unpeopled? (어째서 이것은 황무지일까? 사람이 살고 있지 않기 때문인가?) *AYL*. 3.2.134.

- They are not ever jealous for the cause, But jealous *for* they are jealous (그들은 이유가 있어서 의심하는 것이 아니라, 천성적으로 의심이 많기 때문에 의심하는 것입니다) *Oth*. 3.4.161.

- I have been studying how I may compare This prison where I live unto the world: And *for because* the world is populous And here is not a creature but myself, I cannot do it (내가 있는 이 감옥을 어떻게 이 세상에 비유할 수 있을까에 대해 곰곰 생각해 봤으나, 이 세상에는 사람들이 수 없이 많고 이 곳에는 나 혼자 뿐이니, 좋은 비유를 생각해 낼 수가 없다) *R2*. 5.5.3-6

- Then must my earth with her continual tears Become a deluge, overflow'd and drown'd: *For why* my bowels cannot hide her woes, But like a drunkard must I vomit them (그러니 나의 대지는 계

속해서 흘리는 저 애의 눈물로 대홍수가 일어나 범람하고 물에 잠기지
않을 수 없다. 왜냐하면 나의 내장은 저 애의 슬픔을 감출 수가 없어서
술 취한 사람처럼 그것들을 토해 내지 않을 수 없기 때문이다) *Tit.*
3.1.231-4.

10.3.3. In that(=because)

- And for thy treachery, what's more manifest? *In that* thou laid'st a
  trap to take my life, As well at London bridge as at the Tower (당신
  의 배신적 행위야말로 가장 명백합니다. 그것은 당신이 런던 다리에서
  도 그랬거니와, 런던 탑에서도 내 생명을 빼앗으려고 덫을 놓았기 때문
  입니다) *1H6.* 3.1.22-4.

10.3.4. Seeing (that), being (that)

- It seems to me most strange that men should fear; *Seeing that* death,
  a necessary end, Will come when it will come (인간이 죽음을 두려
  워한다는 것이 나에게는 제일 알 수 없는 일인 듯 하오. 왜냐하면 죽음
  이란 불가피한 종말로서 때가 되면 오게 마련이니 말이오) *Caes.*
  2.2.36-8.
- *Being that* I flow in grief, The smallest twine may lead me (슬픔에
  빠져있기 때문에, 나를 이끌어 주는 것이라면 아무리 가는 끈일지라도
  붙들 것이오) *Ado* 4.1.251-2.

10.4. 조건을 나타내는 접속사

10.4.1. And = an = and if = an if (=if, even if, though)

세익스피어 시대에서는 조건을 나타낼 때, and, an, and if, an if 따위
가 굉장히 많이 사용됐다.

- *And* they have conspired together, I will not say you shall see a
  masque (그들이 머리를 맞대고 계획을 짜놓았다면, 나리께서 가면무
  도회를 보셔야 한다는 건 아니오나) *Merch.* 2.5.22.
- Nay, *an* I tell you that, I'll ne'er look you i' the face again (아니, 만
  일 제가 그 말을 해드리면, 공의 얼굴을 다시는 보지 못할 것이오)
  Caes. 1.2.284.
- *an* the worst fall that ever fell, I hope I shall make shift to go
  without him (최악의 경우에 처하더라도, 나는 그 분의 신세를 지지 않
  고 살아갈 수 있는 방도를 강구해야겠다) *Merch.* 1.2.96.
- *An if* your wife be not a mad-woman (당신의 부인이 실성한 분이 아
  니라면) *Merch.* 4.1.445.
- These be fine things, *an if* they be not sprites (저것들이 정령이 아니
  라면, 아마 굉장한 존재들인가 보다) *Temp.* 2.2.120.

An이 though, whether, as if의 의미를 나타내기도 한다:

- *An*(=though) thou wert a lion, we would do so (당신이 사자일지라
  도 우리는 그렇게 할 것이오) *LLL.* 5.2.627.
- to spy *an*(=whether) I can hear my Thisby's face (나의 티스비의 얼
  굴을 들을 수 있는지 살펴봐야지) *MND.* 5.1.195.
- I will roar you *an* 'twere any nightingale (나는 너에게 마치 나이팅게
  일처럼 으르렁대주겠다) *MND.* 1.2.86.

또 and 혹은 an이 it과 결합하여 and't, an'it, an't 등의 형태로 되기
도 한다:

- *an't* please you, sir (좋으시다면) *Meas*. 2.1.186.

10.4.2. So(=if, provided that, even if)

- *So* I lose none In seeking to augment it, but still keep My bosom franchised and allegiance clear, I shall be counsell'd (명예를 더하려다가 오히려 그것을 잃는 일이 없고, 결백한 마음을 티없이 간직하고, 충성된 절개를 한 점의 오점도 없이 지킬 수 있다면, 저는 기꺼이 장군의 제의에 따르겠소) *Macb*. 2.1.26-8.
- *So* please my lord the duke and all the court To quit the fine for one half of his goods, I am content (공작 각하와 본 법정의 여러분이 그의 재산의 절반에 대한 벌금도 면제해 주시면, 저는 만족하겠습니다) *Merch*. 4.1.380-1.
- I would not, *so* with love I might entreat you, Be any further moved (애정을 가지고 공에게 간청하는 바이오만, 나는 더 이상 그런 부탁은 받고 싶지 않소) *Caes*. 1.2.166-7.

Cf. if it so be that, if so be that, if so that, if so, be it so, so be 등도 조건을 나타낸다.

- *Be it so* she will not here before your grace Consent to marry with Demetrius, I beg the ancient privilege of Athens (만일 저 애가 여기 전하 앞에서도 디미트리우스와 결혼하기를 동의하지 않는다면, 청하옵건데, 아테네의 옛 특권을 저에게 내려주시옵소서) *MND*.1.1.39-40.

10.4.3. But(= if . . . not, that . . . not, that)

But이 부정이나 의문의 의미를 나타내는 어구에 이어지면 that . . . not

의 의미가 된다. 현대영어에도 이러한 용법이 남아 있다(예: It was impossible but he should notice it. 그가 그것을 모르고 있었다니 있을 수 없는 일이다.).

- I do not think *but* Desdemona's honest (나는 데스데모나가 부정한 여자라고는 생각하지 않는다) *Oth.* 3.3.225.
- no man here *But* honours you (여기 계시는 분으로 공을 존경하지 않는 분은 아무도 없소) *Caes.* 2.1.91.
- there's scarce a maid west ward *but* she sings it (서쪽에서는 그것을 노래하지 않는 아가씨가 거의 없다) *Wint.* 4.4.296.
- My heart doth joy that yet in all my life, I found no man *but* he was true to me (내 마음이 참으로 기쁘오. 내가 지금까지 일생을 통해 만난 사람들 가운데에서 나에게 진실하게 대해주지 않은 사람은 한 사람도 없었다는 것을 생각하니) *Caes.* 5.5.35.

But이 부정어를 동반하는 doubt, deny, fear 따위와 같은 동사에 이어지면 that의 의미가 된다. 현대영어에도 이러한 용법이 남아 있다(예: I don't doubt but that he will succeed. 그가 성공하리라는 것을 나는 의심하지 않는다.).

- it must not be denied *but* I am a plain-dealing villain (내가 솔직한 악한이라는 것이 부정되어서는 안 된다) *Ado* 1.3.33.
- I do not doubt *but* to hear them say, it is a sweet comedy (그것이 산뜻한 희극이란 소리를 듣는 것은 의심의 여지가 없다) *MND.* 4.2.45.

But이 if . . . not의 의미로 사용되기도 한다. 현대영어에서도 이런 용법이 있지만(예: It never rains but it pours. 비가 왔다 하면 반드시 억수로 퍼붓는다), 셰익스피어 시대에는 but의 이러한 용법이 현대영어에서 보다도 훨씬 더 빈번했다.

- Beshrew me *but* I love her heartily (내가 그 여자를 진정으로 사랑하지 않는다면 나에게 천벌을 내리게) *Merch.* 2.6.52.
- I know he would not be a wolf, *But that* he sees the Romans are but sheep (나는 알고 있소, 그가 로마 시민들을 한낱 양떼로 생각하지 않는다면 이리가 되려고 하지 않을 것이라는 것을) *Caes.* 1.3.105-6.
- Can you not hate me, . . . *But* you must join in souls to mock me too? (당신들이 작당하여 나를 또한 조롱하지 않는 것이 틀림없다면, 나를 미워하지 않을 수 있겠소?) *MND.* 3.2.150.

10.4.4. Without = except (= unless, if . . . not)

- *without* you were so simple, none else would (당신이 순진하지 않다면, 순진한 사람은 한 사람도 없을 것이오) *Gent.* 2.1.38.
- he may stay him: marry, not *without* the prince be willing (그를 세워도 좋다. 하지만 왕자님의 허락이 없으면 안 돼) *Ado.* 3.3.86.
- *Except* you mean with obstinate repulse, To slay your sovereign and destroy the realm (고집 세게 거절함으로써 폐하를 시역하고 나라를 망칠 생각이 아니라면) *1H6.* 3.1.113.

10.5. 결과를 나타내는 접속사

세익스피어 시대에 결과를 나타내는 접속사에는 so . . . that 외에도 so . . . (that), that, as, so . . . 부정사 등이 있다.

- I am *so* much a fool, should I stay longer It would be my disgrace

(저야말로 어리석기 짝이 없는 사람이어서 그 결과 더 이상 머문다면 이는 저에게 수치가 될 것입니다) *Macb.* 4.2.28.

- Have you not made an universal shout, *That* Tiber trembled underneath her banks . . . ? (네 놈들은 일제히 환성을 울려 그 결과 타이버 강이 그 강둑 밑에서 진동하게 하지 않았더냐?) *Caes.* 1.1.50.

- But in these cases We still have judgement here; *that* we but teach Bloody instructions, which being taught, return To plague th' inventor (그러나 이런 일에 대해서는 여기 이 현세에서 심판을 받는 법, 그래서 살생의 교훈은 한 번 가르치고 나면 그것을 배운 자는 그 보답으로 그것을 가르친 자를 괴롭힌다) *Macb.* 1.7.8-10.

- The fixture of her eye has motion in' t, *As* we are mock' d with art (사람이 만든 그녀의 눈이 움직이고 있소. 그래서 우리가 기술에 조롱당하고 있소) *Wint.* 5.3.68-9.

- thou art *so* fond *To come* abroad with him (자네는 정말 어리석어서 그를 데리고 집밖으로 나온다) *Merch.* 3.3.9.

- I would thou wert *so* happy by thy stay, *To hear* true shrift (네가 운이 아주 좋아서 그 결과 여기 머물러 있다가 그가 진심을 고백하는 것을 듣게 되면 좋으련만) *Rom.* 1.1.164.

- no woman' s heart *So* big, *to hold* so much (어떤 여자의 심장도 그렇게 많은 것을 담을 만큼 크지는 않다) *Twelf.* 2.4.99.

10.6. 목적을 나타내는 접속사

10.6.1. For(that) . . . (=in order that . . .)

- *for* the time shall not seem tedious, I' ll tell thee what befell me on a day (그 시간이 지루하게 느껴지지 않게 하기 위해서, 어느 날 내게 일

어났던 일을 자네한테 얘기하겠네) *3H6*. 3.1.9.

- *For that* our kingdom's earth should not be soil'd With that dear blood which it hath fostered . . . Therefore, we banish you our territories (우리 왕국이 길러낸 귀한 피로써 이 국토가 더럽혀지지 않게 하기 위해서 과인은 그대들을 이 땅으로부터 추방하노라) *R2*. 1.3.125.

10.6.2. For fear lest . . . (=lest . . .)

- *for fear lest* day should look their shames upon, They wilfully themselves exile from light (낮이 그들의 창피스런 몰골을 엿보지 않도록 그들은 자의로 밝은 빛으로부터 스스로를 추방한다) *MND*. 3.2.385.

10.7. 양보를 나타내는 접속사

세익스피어 시대에 사용된 양보의 접속사에는 현대영어에서도 자주 쓰이는 though (that), although (that), albeit, all be it, for all (that), notwithstanding (that) 등 외에도 다음과 같은 것들이 있다.

10.7.1. Howbeit (that)(=though)

- The Moor, *howbeit* that I endure him not, Is of a constant, loving, noble nature (그 무어 녀석은, 아니꼽기는 하지만, 그 천성이 성실하고, 다정다감하고, 고결하다) *Oth*. 2.1.297.

10.7.2. However = howsoever = howsome'er (=though)

- So is he now in execution Of any bold or noble enterprize *However* he puts on this tardy form (저 사람은 비록 겉보기에는 느려 보이지만, 어떤 대담한 또는 고귀한 일을 수행할 때에는 지금도 그렇습니다) *Caes.* 1.2.303.

- *howsome' er* their hearts are severed in religion, their heads are both one (종교를 믿는 그들의 마음은 서로 다르지만, 머리는 모두 한 가지입니다) *All's* 1.3.303.

10.7.3. What though = what (an) if (=though)

- *What though* the rose have prickles, yet 'tis pluck' d (비록 장미에 가시가 있지만, 사람들은 장미를 딴다) *Ven.* 574.

- *what an if* His sorrows have so overwhelm' d his wits, Shall we be thus afflicted in his wreaks? (비록 그의 슬픔이 지나쳐 失性하게 되었지만, 우리가 그의 원한 때문에 이렇게 괴로움을 당해야 한단 말이오?) *Tit.* 4.4.9-11.

10.8. 기타 주의해야 할 접속사.

10.8.1. As(=as if)

셰익스피어 시대에는 as가 as if의 의미로 사용되는 일이 많았다.

- 'Tis *as* I should entreat you wear your gloves (이것은 마치 제가 당신에게 장갑을 끼시라고 간청하는 것과 다름없어요) *Oth.* 3.3.77.

- Men, wives and children stare, cry out and run *As* it were doomsday (남녀노소 누구나 눈이 휘둥그래서 고함치며 뛰어다니고 있소, 마치 최

후의 심판 날이라도 된 듯이) *Caes.* 3.1.98-9.

- ravens, crows and kites, Fly o' er our heads and downward look on us, *As* we were sickly prey (큰 까마귀, 작은 까마귀, 솔개들이 우리의 머리 위를 날며, 우리를 내려다보았소. 마치 우리가 병들어 죽어 가는 먹이인양) *Caes.* 5.1.87-9.

Cf. as 앞에 like를 둔 like as도 as if의 의미로 사용되는 일이 드물게 있다.

- It lifted up it head and did address Itself to motion, *like as* it would speak (그것이 머리를 들고, 마치 말을 하려는 듯한 움직임을 보였습니다) *Ham.* 1.2.217.

또한 like as가 in the same manner as의 의미로도 사용된다.

- *Like as* the waves make towards the pebbled shore, So do our minutes hasten to their end (파도가 조약돌 깔린 해변으로 들이치듯이 우리의 시간도 종말을 향해 달음질친다) *Sonn.* 60.1.

10.8.2. . . .as (= as . . . as)

- She was *false as*(=as false as) water. Thou art *rash as*(=as rash as) fire (그녀는 물처럼 지조가 없었어. 당신은 불과 같이 무분별해요) *Oth.* 5.2.134.
- *A strange one as* ever I looked on (내 평생에 본 일이 없는 괴상한 자야) *Cor.* 4.5.21.

10.8.3. As(=as sure as)

단언이나 맹세를 할 때 쓰인 as는 이런 의미를 가질 때가 많다.

- For, *as* I am a man, I think this lady To be my child Cordelia ([내가 살아있는 인간임이 분명한 것인 만큼이나] 틀림없이, 이 부인은 내 딸 코딜리아라고 생각하기 때문이다) *Lear* 4.7.69.
- Nay, *as* I am a gentleman, I will (그렇지, [내가 신사인 것이 틀림없는 사실인 것인 만큼이나] 틀림없이 그렇게 해 줄 테다) *Ado* 5.1.85.
- *As* I do live by food, I met a fool ([내가 음식을 먹고 살아 가고 있는 것이 틀림없는 사실인 것인 만큼이나] 확실하게 나는 그 광대를 만났다) *AYL*. 2.7.14.
- *As* I do live, my honour'd lord, 'tis true (왕자님, 그것은 [제가 살아 있는 것이 틀림없는 사실인 것인 만큼이나] 확실히 사실입니다) *Ham*. 1.2.221.

10.8.4. 군더더기 용법의 as

as yet, as now, as then, as this day, as at that time, as when, as how, as why, as to, as for, as against, as between, as concerning, as touching 등등의 경우에서처럼 as가 어떤 특별한 의미나 기능을 하는 일이 없이 일종의 군더더기로서 부사(구)나 전치사 등의 앞에 놓여 사용되기도 한다.

- This is my birth-day; *as this very day* Was Cassius born (오늘이 내 생일이오. 그리고 바로 오늘 이 날짜에 캐시어스가 태어났소) *Caes*. 5.1.72.
- one Lucio *As then* the messenger (그 때 심부름꾼이었던 루시오라는

사람) *Meas.* 5.1.74.

- *as for* you, Say what you can (그대는 그대대로 아무 말이라도 하시오) *Meas.* 2.4.169.
- *As how* should it be so? (어떻게 그럴 수가 있겠는가?) *Ham.* 4.7.59.
- *As touching* France (프랑스에 대해서) *H5.* 1.1.79.
- *as concerning* some entertainment of time (시간을 보낼 여흥에 대해) *LLL.* 5.1.125.

10.8.5. Or . . . or . . . (=either . . . or . . .), nor . . . nor . . . (=neither . . . nor . . .)

- *Or* here, *or* at the Capital (여기 아니면 의사당에) *Caes.* 4.1.11.
- When you do find him, *or* alive *or* dead (생사간에 공이 그 분을 찾아낼 때는) *Caes.* 5.4.24.
- To think that *or* our cause *or* our performance Did need an oath (우리의 대의명분이나 거사가 맹세를 필요로 하고 있다고 생각된다고 해서) *Caes.* 2.1.135.
- *nor* more *nor* less (그 이상도 그 이하도 아닙니다) *Lear.* 1.1.95.

10.8.6. And(=and therefore, and that)

- I almost die for food; *and* let me have it (나는 배가 고파 거의 죽을 지경이오. 그러니 먹을 것을 주시오) *AYL.* 2.7.104.
- I did so: *and* take heed on' t (나는 그렇게 했소. 그러니 그것에 유념하시오) *Oth.* 3.4.65.
- Here comes a spirit of his, *and*(=and that) to torment me For bringing wood in slowly (그의 정령이 오는군. 그리고 그것도 나무를 늦게 가져온다고 나를 괴롭히려고 오는군) *Temp.* 2.2.15.

- Yes, by Saint Patrick, but there is, Horatio *And*(=and that) much offence too (아니, 성 패트릭에 걸어 맹세하지만, 있네, 호레이쇼. 그리고 그것도 아주 많은 상해(傷害)가 있네) *Ham.* 1.5.137.

10.8.7. But(=than)

부정(否定)의 비교를 포함하는 문장에서 than 대신에 but을 사용하는 일이 있다.

- The sun no sooner shall the mountains touch, *But* we will ship him hence (동산 위에 해가 돋자마자, 과인은 그를 배에 실어 여기에서 떠나 보내야 하겠소) *Ham.* 4.1.29-30.
- Thou knowest no less *but* all (너는 누구 못지 않게 알고 있다) *Twelf.* 1.4.13.

Cf. 현대영어에서라면 before를 써야 하는 곳에 but을 쓰는 예도 있다.

- Shall not be long *but*(=before) I´ll be here again (머지 않아서 다시 이곳을 찾겠습니다) *Macb.* 4.2.23.

11. 전치사

언어가 발달되면서 새로운 전치사적 개념이 생겨나고, 그 새로운 개념을 표현할 새로운 전치사가 필요해짐에 따라 전치사의 수효가 증가되고, 그 결과 각 전치사의 의미 영역이 좁아지게 되어 전치사가 갖는 여러 가지 의미들이 셰익스피어 시대에서보다 오늘날에 더 많이 제한되게 되었다.

11.1. A

11.1.1. A(=on)

- *a*(=on) Monday morning (월요일 아침에) *Ham*. 2.2.407.
- stand *a*(=on) tip-toe (발 돋음을 하고 서서) *H5*. 4.3.42.
- stand *an*(=on) end (곤두서다) *Ham*.1.5.19.

11.1.2. A(=in)

- *a*(=in) this fashion (이런 모습으로) *Ham*. 5.1.218.; *All'* s 2.3.265.
- *a*(=in) God' s name (신의 이름으로) *Shr*. 1.2.195, 4.5.1; *R2*. 2.1.251, 3.4.146; *1H6*. 1.2.102; *2H6*. 2.3.54, 4.7.115; *H8*. 2.1.78.
- torn *a*(=in) pieces (산산 조각난) *H8*. 5.4.80.

11.1.3. A(=of)

- *a*(=of) mornings (아침엔) *Ado* 3.2.42.
- *a*(=of) days (낮엔) *2H4*. 2.4.251; *Tim*. 4.3.294.
- *a*(=of) nights (밤엔) *Twelf*. 1.3.5; *Caes*. 1.2.193, 2.2.116.
- till I have issue *a*(=of) my body (내가 자식을 갖기까지) *All's* 1.3.27.
- I am out *a*(=of) friends (저는 친구가 없습니다) *All's* 1.3.42.
- take instant leave *a*(=of) the king (서둘러 왕의 곁을 떠나다) *All's* 2.4.49.

11.2. After

11.2.1. After(=according to)

현대영어에서도 after에 이런 의미의 용법이 있지만(예: paint after Matisse. 마티스풍의 그림을 그리다. She was named Mary after her aunt. 그녀는 숙모의 이름을 따서 메리라 이름지었다), 셰익스피어 시대에는 이런 의미로의 사용이 오늘날에서 보다 훨씬 많았다.

- He . . . does not talk *after* the wisest (그는 현명한 사람들처럼 얘기하지 않는다) *Temp*. 2.2.77.
- *after* our commandment (우리의 지시에 따라) *Cor*. 2.3.238.
- *after* its own sense (그것의 의미에 따라) *Oth*. 1.3.69.
- *After* the inveterate hate (뿌리깊은 증오심에 따라) *Cor*. 2.3.234.

11.2.2. After(=at the rate of)

- I' ll rent the fairest house in it *after* three-pence a bay (저는 그곳에서 가장 좋은 집을 한 구획에 3펜스로 빌려주게 될 것입니다) *Meas*. 2.1.255.

11.3. Against

11.3.1. Against(=shortly before, in expectation of)

- But as we often see *against* some storm A silence in the heavens (그러나 폭풍이 있기 직전에 하늘에 정적이 감도는 것을 자주 보듯이) *Ham*. 2.2.505-6.

11.3.2. Against(=to, towards)

- my love and duty, *Against* your sacred person (신성한 폐하에 대한 저의 사랑과 의무) *H8*. 2.4.41.

11.4. At

11.4.1. At(=in. on, to)

현대영어에서는 in, on, to 등을 사용하는 곳에 at을 사용하는 일이 세익스피어에는 있다.

- No, *at*(=in) a word, madam (한 마디로 말해, 아니 되옵니다. 부인) *Cor*. 1.3.122.
- You are *at* point to lose(=on the point of losing) your liberties (여러

분은 지금 자유를 박탈당할 순간에 처해 있소) *Cor.* 3.1.194.

- When *at*(=to) Bohemia You take my lord (당신이 저의 남편을 보헤미아로 데리고 가실 때에는) *Wint.* 1.2.39.
- to go hang my head all *at* one side (머리를 한 쪽으로 떨어뜨리고) *Oth.* 4.3.32.
- *at* morning and at night (밤낮으로) *Merch.* 3.2.280.

11.4.2. At(=worthy of)

- But I do prize it *at* my love (그러나 나는 그것이 내 사랑을 받을 만한 가치가 있다고 평가한다) *Tim.* 5.1.179.

11.5. By

11.5.1. By(=about, concerning)

- how think you *by* that? (그것에 대해 어떻게 생각하십니까?) *2H6.* 2.1.16.
- How say you *by* this change? (여러분은 이런 사태의 변화에 대해 어떻게 생각하십니까?) *Oth.* 1.3.17.
- virtuous In anything that I do know *by* her (그녀에 대해서 내가 알고 있는 한 어떤 면에서나 훌륭하다) *Ado* 5.1.312.

11.5.2. By(=owing to, in consequence of)

- as school-maids change their names *By* vain, though apt, affection (여학생들이 공연히 서로 좋아해서 그들의 이름을 바꾸듯이) *Meas.*

1.4.48.

- Boiling choler chokes The hollow passage of my poison' d voice, *By* sight of these our baleful enemies (나는 저 심술궂은 원수들을 쳐다 보니, 화가 치밀어 올라 숨통이 막혀서 말도 나오지 않습니다) *1H6.* 5.4.122.

11.6. For

11.6.1. For(=as for, as regards)

- *For* Hamlet, and the trifling of his favour (햄릿 왕자님과 그 분의 호 의에 관해서) *Ham.* 1.3.5.
- *For* your desire to know what is between us, O' er-master it as you may (우리 둘 사이에 무슨 일이 있었는지 알고 싶어하는 자네의 욕구 에 대해서는 그저 어떻게 해서든 꾹 참아 주게) *Ham.* 1.5.139.
- *For* you, Edmund . . . , you shall be ours (에드먼드, 자네에 대해서 는, . . . 자네를 내 사람으로 삼고자 하네) *Lear* 2.1.113.
- I' ll warrant him *for* drowning (내가 보증하는데, 그는 익사하지 않아) *Temp.* 1.1.49.

11.6.2. For(=for want of)

- how wilt thou do *for* a father? (아버님이 안 계시니 어떻게 할 테냐?) *Mac.* 4.2.38.
- I almost die *for* food (나는 먹을 음식이 없어서 거의 죽을 지경이오) *AYL.* 2.7.104.
- Here' s a young maid with travel much oppress' d And faints *for*

succour (여기에 있는 젊은 아가씨는 여행에 몹시 지쳐 있는데, 도움을 받지 못해 기절해 있소) *AYL.* 2.4.75.

11.6.3. For(=for fear of, as a precaution against)

- here they shall not lie, *for* catching cold (그것들을 여기에 두지 않겠어요. 감기에 들지 모르니까요) *Gent.* 1.2.136.
- I can watch you *for* telling how I took the blow (내가 어떻게 얻어맞았는지를 말하지 못하도록 당신을 경계할 수 있어요) *Troil.* 1.2.293.

11.6.4. For(=as, in the quality of)

- I will take thee, Rosalind, *for* wife (로잘린드여, 나는 당신을 아내로 맞이하겠소) *AYL.* 4.1.135.
- What is he *for* a fool . . . ? (그는 어떠한 바보인가?) *Ado* 1.3.49.
- and give it his son *for* an apple (그리고 그의 아들에게 사과를 주듯이 그것을 줄 것이오) *Temp.* 2.1.91.

11.6.5. For(=in spite of)

- My father is not dead, *for* all your saying (줄곧 그렇게 말씀하고 계심에도 불구하고 아버님은 돌아가신 것이 아니지요) *Mac.* 4.2.37.
- *for* all he be a Roman (그는 로마인임에도 불구하고) *Cymb.* 5.4.210.
- the priest was good enough, *for* all the old gentleman's saying (그 노신사는 그런 말을 했지만, 그 목사님은 훌륭했다) *AYL.* 5.1.4.

11.7. From(=away from, apart from, not in accordance with)

- For anything so overdone is *from* the purpose of playing (무엇이든 과도하게 되면 연극의 목적에서 벗어나게 될 테니까) *Ham.* 3.2.22.
- *from* my remembrance(=out of my memory) (기억이 잘 나지 않는) *Temp.* 1.2.65.
- *from* the sense of all civility, I thus would play and trifle with your reverence (예의 범절을 무시하고, 지체 높으신 의원님을 이토록 조롱하고 없수이 여기려고 하고 있다) *Oth.* 1.1.132.
- Write *from* it, if you can (가능하다면 그것과 다르게 쓰세요) *Twelf.* 5.1.340.

11.8. In

11.8.1. In(=into)

- I will pour some *in* thy other mouth (네 놈의 다른 아가리에다 좀 부어 넣겠다) *Temp.* 2.2.99.
- Thou stickest a dagger *in* me (자네가 내 가슴에 비수를 꽂는 구만) *Merch.* 3.1.115.
- not a creature enters *in* my house (한 사람도 내 집에 들어가지 못 합니다) *Err.* 5.1.92.
- When down her weedy trophies and herself Fell *in* the weeping brook (그 때 그녀의 풀꽃화환은 물론 그녀 자신마저도 흐느껴 우는 냇물 속으로 떨어져 버렸다오) *Ham.* 4.7.176.

11.8.2. In(=at, during, on)

- What *in*(=on) your own part can you say to this? (이에 대해서 당신

편에서는 무슨 말을 할 수 있습니까?) *Oth.* 1.3.74.

- As are those dulcet sounds *in*(=at) break of day (새벽녘의 그 달콤한 음악 소리처럼) *Merch.* 3.2.51.

- *In*(=at) this time of the night (이렇게 밤이 깊은 시각에) *Oth.* 1.2.94.

- Shall I be tempted to infringe my vow *In*(=at) the same time 'tis made? (방금 맹세를 했는데 동시에 그 맹세를 깨뜨리도록 유혹을 받게 될 것이란 말인가?) *Cor.* 5.3.21.

- we will slink away *in*(=during) supper-time (우리는 저녁 식사 도중에 슬그머니 빠져 나올 거야) *Merch.* 2.4.1.

- fogs; which falling *in*(=on) the land (안개가 땅위에 내리고) *MND.* 2.1.90.

- And graze *in*(=on) commons (그리고 마을 공유의 초지에서 풀이나 뜯어먹는다) *Caes.* 4.1.27.

- there is written *in*(=on) your brow . . . honesty and constancy (당신이 정직하고 성실하다는 것이 당신의 이마에 쓰여 있소) *Meas.* 4.2.163.

- I am not vexed more at any thing *in*(=on) the earth (이 보다 더 견딜 수 없는 일은 이 세상에 없다) *Cymb.* 2.1.20.

11.8.3. In(=about, in the case of)

- almost all Repent *in* their election (거의 모든 사람들이 이번 선거에 대해 후회하고 있소) *Cor.* 2.3.263.

- Our fears *in* Banquo stick deep (뱅코우에 대한 나의 두려움에는 깊은 연유가 있다) *Mac.* 3.1.49.

- (We) wear our health but sickly *in* his life Which *in* his death were perfect (그가 살아 있는 경우 과인의 건강은 병든 것과 같으니, 그가 죽어야 완치가 된다) *Mac.* 3.1.107-8.

11.9. Into

11.9.1. Into(=in)

- Your franchises, whereon you stood, confin'd *Into* an auger's bore (당신네가 주장하는 정치적 권력은 송곳 구멍 속에 갇혀 있소) *Cor.* 4.6.86-7.
- when I am laid *into* the tomb (내가 무덤에 놓여 있을 때) *Rom.* 4.3.30.

11.9.2. Into(=to, on to)

- return again *into*(=to) France (프랑스로 다시 돌아가다) *All's.* 4.3.51.
- since he went *into*(=to) France (그가 프랑스로 간이래) *Ham.* 5.2.221.
- My heart leaps to be gone *into*(=on to) my mother's bosom (내 마음 은 뛰어서 내 어머니의 가슴으로 날아간다) *Per.* 5.3.45.
- with declining head *into*(=on to) his bosom (그의 가슴에 머리를 파 묻고) *Shr.* Induction.1.119.

11.10. Of

11.10.1. Of(=from, out of) (기원(起源), 원인, 이유)

- Heaven make thee free *of*(=from) it (하늘이 그대의 죄를 용서해 주 길!) *Ham.* 5.2.342.
- He had *of*(=from) me a chain (그 분은 저한테서 목걸이를 받았습니

다) *Err.* 4.1.10.

- what he shall receive *of*(=from) us in duty (그 분이 저희들로부터 봉사를 받아들이는 것) *Troil.* 3.1.169.

- being *of*(=from) so young days brought up with him (어린 시절부터 그와 함께 자라왔으니) *Ham.* 2.2.11.

- We were dead *of*(=from) sleep (우리들은 죽은 듯이 자고 있었다) *Temp.* 5.1.230.

- A madness, *of*(=from) which her life's in danger (그녀의 생명이 위험할 정도의 광기) *Cymb.* 4.3.3.

11.10.2. Of(=by)

셰익스피어의 작품에서 수동태의 동작주를 나타낼 때 전치사 by를 사용하기도 했지만 of를 사용한 예도 많다.

- *Of* kernes and gallow-glasses is supplied (민병과 기병을 지원 받고 있습니다) *Mac.* 1.2.13.

- received *Of* the most pious Edward with such grace That . . . (신앙심이 아주 깊으신 에드워드 왕 전하로부터 . . . 와 같은 후대를 받고) *Macb.* 3.6.27.

- being there alone, Left and abandon'd *of* his velvet friends (비로도 옷을 입은 친구들에 의해 버림받고 홀로 떨어져서 거기에 있기 때문에) *AYL.* 2.1.50.

11.10.3. Of(=concerning, in respect of)

현대영어에서와 마찬가지로, 형용사와 결합된 of가 이런 의미를 갖는 일이 많다.

- Infirm *of* purpose! (결심이 나약한) *Mac.* 2.2.52.
- sure *of* foot (발이 튼튼한) *Mac.* 3.1.37.
- rude and bold *of* voice (무례하고, 말을 너무 거침없이 해 버리는) *Merch.* 2.2.190.
- Being not deficient, blind, or lame *of* sense (바보도, 장님도 아니고 분별력도 결핍되지 않은) *Oth.* 1.3.63.

11.10.4. Of(=in, in the person of)

Of가 find, have, lose, show, win 등과 같은 동사와 함께 사용되어 in 또는 in the person of의 의미를 나타내기도 한다.

- we lost a jewel *of* her (우리는 보석 같은 그 여자를 잃었다) *All's* 5.3.1.
- we shall find *of* him A shrewd contriver (그 자는 교활한 모사꾼이오) *Caes.* 2.1.157.
- Even such a husband Hast thou *of* me as she is for a wife (아내로서 그 부인께서 그러하듯이, 당신에게는 내가 바로 그런 남편이오) *Merch.* 3.5.89.

11.10.5. Of(=during)

Of가 때를 나타내는 말과 함께 사용되어 during의 의미를 나타내기도 한다.

- My custom always *of* the afternoon (오후에 항상 하는 나의 습관) *Ham.* 1.5.60.
- There sleeps Titania sometime *of* the night (티타니아는 밤중에 한 때

그곳으로 가서 잠이 든다) *MND*. 2.1.253.

- to sleep but three hours in the night, And not be seen to wink *of* all the day (밤에는 세 시간만 자고, 또한 낮에는 눈을 붙이는 모습을 보여서는 안 된다) *LLL*. 1.1.43-4.

11.10.6. Of(=some of)

Of가 어떤 특정의 동사(예: eat, taste, drink, bite, have, doubt, despair, accuse, repent, arrest, appeal, accept, allow, hope, like . . .)와 함께 사용되어 부분(some of)을 나타내기도 한다.

- He shall *taste of* my bottle (그에게 내 술을 좀 마시게 해야겠다) *Temp*. 2.2.77.
- Where*of* the ewe not *bites* (암양도 뜯어먹지 않는) *Temp*. 5.1.38.
- You *have of* these pedlars (이러한 행상인들도 좀 있다) *Wint*. 4.4.217.
- to *eat of* the habitation which your prophet the Nazarite conjured the devil into (네 놈들의 그 나사렛의 예언자가 요술을 부려서 마귀를 그 속으로 몰아 넣었던 그 마귀의 집을 먹으라고) *Merch*. 1.3.34.

11.10.7. Of(=on)

- he came *of* an errand (그는 심부름 왔다) *Wiv*. 1.4.80.
- he had more hair *of* his tail than I have *of* my face (내 얼굴의 털보다 그 놈의 꼬리에 난 털이 더 많았다) *Merch*. 2.2.104.
- How shall I feast him? what bestow *of* him? (어떻게 그를 대접할까? 그에게 무엇을 줄까?) *Twelf*. 3.4.2.
- What soldiers, patch? Death *of* thy soul! (뭐, 군사라고, 이 광대같은

놈이? 영혼까지도 죽어 없어질 놈 같으니!) *Macb.* 5.3.16.
- What is 't *o' clock*? (지금이 몇 시요?) *AYL.* 3.2.317; *Caes.* 2.2.114,
  2.4.23.
- 'Tis now but four *o' clock* (아직 네 시도 채 안 되었다) *Merch.* 2.4.8.
- by five *of* the clock (다섯 시까지는) *Merch.* 2.2.123.
- 'tis not yet ten *o' th'* clock (아직 열 시도 안 됐습니다) *Oth.* 2.3.14.

11.10.8. Of(=for the sake of)

- Speak, *of* all loves (제발, 말씀하세요) *MND.* 2.2.154.

11.11. On(upon)

11.11.1. On(upon)(=at)

On이 gaze, glare, look, nod, stare 등과 같은 동사와 함께 사용되어
at의 의미를 나타내기도 한다.

- Look *on* me with your welkin eye (너의 파란 눈으로 나를 쳐다봐라)
  Wint. 1.2.136.
- No longer shall you gaze *on't* (그것을 더 이상 보아서는 안됩니다)
  Wint. 5.3.60.
- You stared *upon* me with ungentle looks (나리께서는 무서운 표정으
  로 저를 뚫어질 듯 보셨습니다) *Caes.* 2.1.242.
- look *upon* Caesar (시저를 봐라) *Caes.* 1.2.21.
- If Caesar carelessly but nod *on* him (만일 시저가 그에게 무심결에 고
  개라도 끄덕여 주면) *Caes.* 1.2.118.

11.11.2. On(=of)

- What think you *on't* (당신은 그것에 대해 어떻게 생각하오?) *Ham.*
  1.1.55.
- two *on's*(=of his) daughters (자기의 딸들 가운데 두 명) *Lear.*
  1.4.114.
- I am sure *on't* (나는 그것을 확신한다) *Lear* 2.1.29.
- Thou canst tell why one's nose stands i' the middle *on's* face? (사
  람의 코가 왜 얼굴 한 가운데 자리잡고 있는지 당신은 말할 수 있겠지?)
  Lear 1.5.20.
- We are such stuff As dreams are made *on* (우리는 꿈과 같은 재료로
  되어 있다) *Temp.* 4.1.157.
- And be not jealous *on* me (그리고 저를 의심하지 마시오) *Caes.*
  1.2.71.
- I am glad *on't* (그거 반가운 일이외다) *Caes.* 1.3.137.

11.11.3. On(=from, out of)

- To come thus was I not constrain'd, but did it *On* my free will (제가
  이렇게 돌아 온 것은 강요당해서가 아니라 저의 자유의지에 따른 것이
  옵니다) *Ant.* 3.6.57.
- she's wandering to the Tower, *On* pure heart's love to greet the
  tender princes (그녀는 귀여운 왕자를 만나려는 순수한 애정에서 런던
  탑으로 가고 있다) *R3.* 4.1.4.

11.12. Thorough(=through)

- *Thorough* the hazards of this untrod state (아직 알려지지 않은 국가

의 난국을 헤쳐나갈 때) *Caes.* 3.1.136.

- Over hill, over dale, *Thorough* bush, *thorough* brier, Over park, over pale, *Thorough* flood, *thorough* fire, I do wander every where (언덕을 넘고, 골짜기를 건너고, 덤불을 헤치고, 가시밭을 거치고, 동산을 지나고, 울타리를 넘어서, 물 속을 헤치고, 불 속을 뚫고, 어디든지 나는 헤매어 다닌다) *MND.* 2.1.3.-5.

- You are contented to be led in triumph *Thorough* the streets of Rome? (공은 개선행렬에 끼어 로마의 거리를 끌려 다니시겠다는 말씀이오?) *Caes.* 5.1.110.

Cf. Thorough와 through는 동일어로서, 셰익스피어 시대에는 두 단어 각각에 −ly가 붙은 꼴, 즉 thoroughly와 throughly가 모두 사용되었다 (그러나 현대영어에서는 thoroughly만 사용되고 있다).

- The next advantage will we take *throughly* (다음 기회를 철저히 이용합시다) *Temp.* 3.3.14.

- only I' ll be revenged Most *throughly* for my father (내가 아버님을 위해서 철두철미하게 복수만 할 수 있다고 한다면) *Ham.* 4.5.136.

11.13. To

11.13.1. To(=in addition to)

- The Greeks are strong and skilful *to* their strength, Fierce *to* their skill, and *to* their fiercenesse Valiant (그리스인들은 강력하오. 강력할 뿐만 아니라, 전쟁에 능하오. 전쟁에 능할 뿐만 아니라, 맹렬하오. 맹렬할 뿐만 아니라, 용감하오) *Troil.* 1.1.7-8.

- Go, girl, seek happy nights *to* happy days (자, 아가씨, 행복한 낮 뒤에 오는 행복한 밤을 맞으세요) *Rom.* 1.3.106.
- for those of old, And the late dignities heap' d up *to* them, We rest your hermits (과거에 지니고 있던 작위와 그 위에 또 금번 새로이 첨가해 주신 작위에 대해 감사하옵고, 아울러 저희들은 전하의 만수무강을 기원할 뿐이옵니다) *Macb.* 1.6.19.
- And *to* that dauntless temper of his mind He hath a wisdom that doth guide his valour (그리고 마음 속에 대담한 기질이 깃들어 있을 뿐만 아니라, 그의 용기를 안전하게 실행해 나갈 수 있는 지혜도 갖추고 있다) *Macb.* 3.1.52.

11.13.2. To(=against, with)

- The lady Beatrice hath a quarrel *to* you (베아트리스 아가씨가 자네한테 불만이 있다) *Ado* 2.1.243.
- bending his sword *To* his great master (그의 칼을 뽑아 제 주인에게 덤벼들었네) *Lear* 4.2.75.
- that' s my business *to* you (그것이 너희들에 대한 나의 임무다) *Temp.* 3.3.69.

11.13.3. To(=in accordance with)

- Fortune now *To* my heart' s hope! (이제 행운이 내 가슴속의 희망과 함께 하기를) *Merch.* 2.9.20.
- what we have we prize not *to* the worth Whiles we enjoy it (우리는 가진 것을 향유하는 동안에는 그 가치를 제대로 평가하지 못한다) *Ado* 4.1.220.
- Love, therefore, and tongue-tied simplicity, In least speak most, *to*

my capacity (그러므로 사랑과 말 못하는 순수함은 가장 말이 적을수
록 나의 귀에는 가장 웅변적인 것이오) *MND*. 5.1.105.

11.13.4. To(=as, in the character of)

- I must, and will have Katherine *to* my wife (나는 캐더린을 나의 아내
  로 삼아야 하며 또한 삼겠다) *Shr*. 2.1.272.
- A woman that Lord Brutus took *to* wife (부루터스 나리께서 아내로
  택하신 여인) *Caes*. 2.1.293.
- I know that we shall have him well *to* friend (그를 우리의 친구로 받
  아들이는 것이 좋을 듯 하오) *Caes*. 3.1.143.
- Tunis was never graced before with such a paragon *to* their queen
  (튜니스에선 그렇게 훌륭한 분을 왕비로 맞이한 적이 없었죠) *Temp*.
  2.1.75.
- As I shall find the time *to* friend (내가 우호적인 때를 만날 때) *Macb*.
  4.3.10.

11.13.5. To(=for)

- Ere I had made a prologue *to* my brains They had begun the play
  (내가 미처 내 두뇌를 위해 서막을 구상하기도 전에 내 두뇌는 이미 연
  극을 시작해 놓은 셈이다) *Ham*. 5.2.30-1.
- *to* relief of lazars and weak age (나환자와 노약자를 구제하기 위해)
  H5. 1.1.15.
- Ten thousand dollars *to* our general use (아군이 사용하기 위한 1만
  달러) *Macb*. 1.2.64.

11.13.6. To(=towards, against)

- Brutus' love *to* Caesar was no less than his (시저에 대한 부루터스의 사랑도 그에 못지 않다) *Caes.* 3.2.20.
- Arm you, I pray you, *to* this speedy voyage (그대들은 준비를 하도록 하라, 즉시 출발할 수 있도록) *Ham.* 3.3.24.
- Methinks I have a great desire *to* a bottle of hay (말린 풀 한 다발을 기어이 먹고 싶다) *MND.* 4.1.37.
- he which hath no stomach *to* this fight (이 싸움을 견뎌낼 배짱이 없는 사람) *H5.* 4.3.35.
- he hears the king Does whet his anger *to* him (그는 왕이 그에 대해 분노의 칼을 가는 소리를 듣는다) *H8.* 3.2.92.

11.13.7. To(=into)

- lest he transform me *to* a piece of cheese! (그가 저를 치즈 조각으로 변형시키지 못하도록) *Wiv.* 5.5.86.
- Put your dread pleasures more into command Than *to* entreaty (황공하옵게도 부탁이라 하오시니 당치 않사옵니다. 하명만 해 주시옵소서) *Ham.* 2.2.29.
- My wind cooling my broth Would blow me *to* an ague (나 같은 놈은 혹혹 불어서 국을 식히는 입 바람만 가지고도 학질에 걸리고 말 거야) *Merch.* 1.1.23.

11.13.8. To-night(=last night)

세익스피어에서는 to-night이 last night의 의미로도 종종 사용되기도 했다.

- I dreamt a dream *to-night* (나는 어제 밤에 꿈을 꾸었다) *Rom*. 1.4.50.
- She dreamt *to-night* she saw my statua, Which like a fountain with an hundred spouts, Did run pure blood (그녀는 어제 밤에 꿈을 꾸었는 바, 그 꿈에서 내 조상을 보았는데, 그 조상은 마치 100여 개의 물구멍이 있는 분수와도 같이 선혈을 내뿜었다) *Caes*. 2.2.76-8.
- There is some ill a-brewing towards my rest, For I did dream of money-bags *to-night* (뭔가 나쁜 일이 일어날 것만 같아. 왜냐하면 어제 밤에 돈주머니를 꿈에 보았으니까) *Merch*. 2.5.18.

11.13.9. To(=in comparison with, compared to)

- Impostors *to* true fear (진정한 공포에 비하면 속임수에 불과한 것들) *Macb*. 3.4.64.
- The harlot's cheek, beautied with plastering art, Is not more ugly *to* the thing that helps it Than is my deed *to* my most painted word (화장술로 곱게 단장한 창녀의 얼굴은 그것을 그렇게 보이게끔 도와주는 것에 비해 더 추악한 것은 아니지만, 그럴듯하게 꾸미는 내 말에 비해 볼 때 내 행동만큼 추악하지는 않으리라) *Ham*. 3.1.51-53.
- the most sovereign Prescription in Galen is but empiricutic, and *to* this preservative, of no better report than a horse-drench (희랍의 명의 게이린의 저 유명한 비방도 단지 엉터리 처방에 불과한 것으로 되고 말았으니, 이 묘약에 비하면 말에 먹이는 약만도 못합니다) *Cor*. 2.1.110-11

11.13.10. To(=concerning)

- Pardon me Caesar, for my dear dear love *To* your proceeding bids me tell you this (용서해주세요, 시저님. 당신의 지위가 높아지는 것에 대해 너무 애착을 가진 나머지 이런 말씀을 드리는 것이니까요) *Caes*. 2.2.102.

11.14. Upon

11.14.1. Upon(=in consequence of, on account of)

- they *upon* their ancient malice will forget With the least cause these his new honours (옛날의 악감정 때문에 그들은 조그마한 자극만 받아도 그에게 주어질 이 새로운 명예를 잊게 될 것이오) *Cor*. 2.1.244-5.
- *Bru*. She is dead. *Cas*. . . . *Upon* what sickness? (부루터스: 그녀는 죽었소. 캐시어스: . . . 무슨 병 때문에?) *Caes*. 4.3.152.
- To die *upon* the hand I love so well (내가 그토록 사랑하는 사람의 손에 죽어서) *MND*. 2.1.244.
- who accused her *Upon* the error that you heard debated (당신이 들은 오해 때문에 그녀를 규탄한) *Ado* 5.4.3.

11.14.2. Upon(=against)

- In cunning I must draw my sword *upon* you (속임수로 저는 칼을 뽑아서 형님과 대결해야 하겠습니다) *Lear* 2.1.31.
- What cannot you and I perform *upon* the unguarded Duncan? (당신과 내가 아무 방비도 없는 덩컨 왕에게 무슨 짓인들 못하겠습니까?) *Macb*. 1.7.69.
- I have o'erheard a plot of death *upon* him (그 분을 살해하려는 음모를 엿들었네) *Lear* 3.6.96.
- my first false speaking Was this *upon* myself (나 자신에게 한 이 말이 내가 난생 처음으로 한 거짓말이었소) *Macb*. 4.3.131.

11.14.3. Upon(=on the ground of, on the strength of, by)

- *Upon* what bargain do you give it to me? (무슨 이유로 당신은 저에게 그것을 주십니까?) *Err*. 2.2.25.
- *Upon* my power I may dismiss this court (내 권한으로 나는 이 법정을 폐정시킬 수도 있다) *Merch*. 4.1.104.
- Friends am I with you all and love you all, *Upon* this hope, that you shall give me reasons, Why and wherein Caesar was dangerous (저는 귀공들 모두의 동지요, 귀공들 모두를 사랑하고 있소. 다만 바라옵건데, 왜, 어떤 점에서 시저가 위험했는지 그 이유를 저에게 밝혀 주셨으면 하오) *Caes*. 3.1.221-3.

11.14.4. Upon(=at, just about)

- *upon* his death (그가 죽을 때) *Merch*. 4.1.384.
- you shall hence *upon* your wedding day (결혼식 날 이곳에서 떠나서야 할 것입니다) *Merch*. 3.2.314.
- You come most carefully *upon* your hour (어김없이 정시에 오셨군요) *Ham*. 1.1.6.
- *Upon* the stroke of four (4시를 칠 때) *R3*. 3.2.5.
- *Upon* the instant that she was accused (그녀가 비난을 받은 그 순간에) *Ado*. 4.1.217.
- I was your mother much *upon* these years That you are now a maid (너는 지금 처녀로 있다만, 나는 너와 비슷한 나이였을 때 네 어미가 되어 있었다) *Rom*. 1.3.72.

11.14.5. Upon(=from, out of)

- *Upon* malicious bravery, dost thou come To start my quiet (너는 감히 무례하게도 내 집에 와서 나의 단잠을 깨웠다) *Oth*. 1.1.100.
- *Upon* the like devotion as yourselves, To gratulate the gentle princes (당신과 똑같은 충성심에서, 착한 왕자님들께 인사를 여쭈려고) *R3*. 4.1.9.

11.15. With

11.15.1. With(=by)

- I took him to be killed *with* a thunder-stroke (나는 그 녀석이 벼락에 맞아 죽은 것으로 생각했다) *Temp*. 2.2.112.
- let our beard be shook *with* danger (위험에 의해 짐의 수염이 흔들리도록 내버려두다) *Ham*. 4.7.2.32.
- And we are govern'd *with* our mothers' spirits (그리고 우리들은 모친의 정신에 의해 지배되고 있다) *Caes*. 1.3.83.
- When they are fretten *with* the gust of heaven (그것들이 하늘에서 불어오는 돌풍에 의해 흔들릴 때) *Merch*. 4.1.77.
- Here are sever'd lips, Parted *with* sugar breath (여기 살며시 벌리고 있는 입술은 달콤한 입김에 의해 벌어져 있구나) *Merch*. 3.2.120.
- Here is himself, marr'd, as you see, *with* traitors (여기에 그 분이 계십니다. 보시다시피 반역자들에 의해 난도질당한 채) *Caes*. 3.2.201.

11.15.2. With(=on)

- I live *with* bread like you (나도 여러분처럼 빵을 먹고 삽니다) *R2.*
  3.2.175.
- I am fain to dine and sup *with* water and bran (나는 이제 세 끼 식사
  를 물과 밀기울로만 해 볼 생각이오) *Meas.* 4.3.159.
- I have supp'd full *with* horrors (나는 이제 무서운 일들을 실컷 맛보
  았다) *Macb.* 5.5.13.

11.16. Withal

11.16.1. Withal(=with)

- We freely cope your courteous pains *withal* (우리는 기꺼이 그것으로
  써 당신의 친절한 수고에 보답하고자 하오) *Merch.* 4.1.412.
- the strong conceit, That I do groan *withal* (내가 그로 인해 신음하는
  그 굳은 신념) *Oth.* 5.2.56.
- This diamond he greets your wife *withal* (이 다이아몬드는 그가 당신
  의 부인에게 선물로 드리는 것입니다) *Macb.* 2.1.15.
- I, for my part, knew the tailor that made the wings she flew *withal*
  (나로 말하자면, 당신 딸이 달고 날아간 날개를 만들어준 재봉사를 알
  고 있소) *Merch.* 3.1.30.

11.16.2. Withal(=together with it, at the same time)

- The inward service of the mind and soul Grows wide *withal* (그 안
  에서 행해지는 마음과 정신이라는 예배의식도 그것과 함께 확충되는

법이다) *Ham*. 1.3.13-4.

- Let his deservings and my love *withal* Be valued against your wife' s commandment (저분의 공로에 내 우정까지 합친 것을 자네 부인의 명령과 비교해서 그 가치를 평가해 보세) *Merch*. 4.1.450-1.
- I think *withal* There would be hands uplifted in my right (동시에 나를 지지해 궐기하는 사람들도 있을 것이라고 나는 생각하고 있소) *Macb*. 4.3.41.

11.16.3. Withal(=with this, with it, therewith)

- I was moved *withal* (저는 그것에 감동했소이다) *Cor*. 5.3.194.
- If you choose that, then I am yours *withal* (그것을 선택하시면 그것으로서 저는 당신의 것이 되옵니다) *Merch*. 2.7.12.
- If he do bleed, I' ll gild the faces of the grooms *withal* (아직도 그가 피를 흘리고 있다면, 그 피를 가지고 시종들의 얼굴에 칠해 놓겠습니다) *Macb*. 2.2.56.
- Madam, it is, so you stand pleased *withal* (아가씨, 그렇습니다. 만일 아가씨께서 그것을 기꺼워하신다면) *Merch*. 3.2.211.

단, 11.16.2와 11.16.3은 전치사가 부사로 전환된 용법임.

11.17. Without

11.17.1. Without(=out of, on the outside of)

- *without* the town (읍 밖의) *MND*. 1.1.165.
- *Without* the palace gate (대궐문 밖에서) *Macb*. 3.1.47.

11.17.2. Without(=beyond, not in the reach of)

- *Without* the peril of Athenian law (아테네의 법의 위험이 미치지 못하는 곳으로) *MND*. 4.1.158.
- Things *without* all remedy should be without regard (돌이킬 수 없는 일은 생각하지 말아야 합니다) *Macb*. 3.2.11.

12. 감탄사

12.1. 신성모독어(神聖冒瀆語)에서 유래한 감탄사

구교시대(舊敎時代)에는 격한 감정을 나타낼 때에, 흔히 신(神)의 이름을 부르거나, 신의 이름에 걸고 맹세나 저주 등을 하는 습관이 있었지만, 신교(新敎)가 등장한 후 엄격한 윤리를 고집하는 청교도들은 신이나 신에 관한 직접적인 언급을 신에 대한 모독으로 간주했다. 더구나 1606년에 연극무대에서 신을 모독하는 말을 하는 것이 신교도들에 의해 금지되면서, God 대신에 Lord, Heaven, Jove 등이 사용되고, Virgin Mary 대신에 Lady, lakin 등이 사용되는 등, 맹세나 저주 따위의 격한 감정을 나타낼 때 사용하는 신과 관련된 말은 여러 가지의 대용어로 대치되었다.

12.1.1. God, Jesus, Lord의 대용어

God 대신에 cock, gog, gosse, gosh, gom, gough, gad, Od 등을 사용하고, Lord 대신에 Law, Lawks, Losh 등을 사용하며, Jesus 대신에 Gis 등을 사용했다.

- By *cock*, they are to blame (정말 비난받아야 할 자들은 그들이다) *Ham.* 4.5.62.
- *Cock*' s passion (이런!) *Shr.* 4.1.121.

- By *cock* and pie (정말로) *Wiv.* 1.1.316.
- by *gog*'s wounds (물론 맹세코) *Shr.* 3.2.162.
- *Od*'s pity (원 참) *Oth.* 4.3.75.
- by *Gis* (아이구 저런) *Ham.* 4.5.58.

Cf. God의 대용어인 Od의 속격 Od's에서 Od 마저 생략되고 그 속격어
미 즉, 's만 남아 그 뒤에 다른 여러 가지의 단어가 붙어 있기도 한다.

'Sblood(=God's blood), 'Sdeath(=God's death), 'Sfoot(=God's foot),
'Zounds (=God's wounds)

12.1.2. Mary의 대용어

Mary 대신에 marry, lady, 혹은 lady의 지소어(指小語)인 lakin 등을
사용했다.

- Ay, *marry*, was't (그렇소, 틀림없이 그렇소) *Caes.* 1.2.228.
- By'r*lady* = byr*lady* = bir*lady* = ber*lady*(=by our lady) (정말로, 틀림없
  이) *Ado* .3.3.82,89. 3.4.82; *1H4.* 2.4.50,329,467. 3.1.235; *2H4.* 5.3.93;
  R3. 2.3.4; *Tit.* 4.4.48; *Rom.* 1.5.35; *Ham.* 2.2.445, 3.2.140; *Oth.* 3.3.74.
- By'r*lakin*(=by our lady) (정말로) *Temp.* 3.3.1; *MND.* 3.1.14.

Mary의 대용어인 marry에는 결혼시키다의 의미도 있으므로 다음과 같
은 말장난도 가능했다.

- *Iago.* He's married. *Cas.* To who? *Iago. Mary*, to -- Come captain,
  will you go? (이아고: 그는 결혼했습니다. 캐시오: 누구와? 이아고: 맹
  세코(혹은 메어리와), 저 . . . , 자, 부대장님, 가실까요?) *Oth.* 1.2.53-4.

12.2. 자주 쓰이는 감탄사

12.2.1. 분류

〈입으로 내는 소리가 그대로 감탄사로 된 것:
O, oh, ah, ha, ho; halloo, holla, whoa(=hoa, ho), la, loo, soho; pish, pooh, heigh, hey, pshaw, whoop, fie; hush, tut 등.

〈보통의 단어가 감탄사로도 사용되는 것:
ay me, go to, how, now, out, sir, what, why 등.

12.2.2. 주요 감탄사의 용법

Ay me: alas for me의 의미로서 비탄이나 낙담을 나타낼 때 사용된다.

- *Ay me*, young, and so unkind! (아, 젊으시면서 그토록 무정하신가
  요!) *Ven*.187.
- *Ay me*, woe, woe (아, 슬프다, 슬퍼) *Ven*. 833.
- *Ay me*, the bark pill' d from the lofty pine, His leaves will wither and
  his sap decay (아, 슬픈지고. 키 큰 소나무에서 그 껍질을 벗기면, 그
  잎이 시들고, 수액이 마른다) *Lucr*. 1167.
- *Ay me*, what act That roars so loud and thunders in the index? (아니,
  도대체 무슨 행위이기에 서막부터 그렇게 요란스럽게 고함을 치며 법
  석이란 말이냐?) *Ham*. 3.4.51.

Go to: 초조, 비난, 분개, 불신, 조롱 등을 나타낼 때 사용된다.

- Ay, fashion you may call it. *Go to, go to*. (그렇지, 한 때의 기분이라

고 할 수도 있을 테지, 그만 둬라, 그만 둬) *Ham.* 1.3.112.

- *Go to*, I'll no more on't, it hath made me mad. (젠장, 그만 둬야겠
다. 그 덕에 나는 미쳤다) *Ham.* 3.1.146.

- *Go to* (제기랄) *Ham.* 5.1.40.

- *Go to, go to*: you have known what you should not. (저런, 저런, 알
아서는 안 될 일을 알고 말았구나) *Macb.* 5.1.46.

- *Go to*; say you nothing (아서라, 아무 말도 하지 말아라) *Lear* 3.3.8.

- *Go to*, they are not men o' their words (그만둬라. 그들은 믿을 만한
인간들이 아니다) *Lear* 4.6.103.

- *Go to*, woman, (원 참, 이것 봐) *Oth.* 3.4.183.

- Very well, *go to* (잘 알겠으니, 그만두라고) *Oth.* 4.2.192.

How: 놀라움을 나타낼 때 사용된다.

- *How?* Of adultery? (뭐? 간통이라고?) *Cymb.* 3.2.1.

- Caius Ligarius, *how?* (케이어스 리가리어스 공, 어인 일이오?) *Caes.*
2.1.312.

- *How, how, how, how*, chop'd-logic! (저런, 저런, 저런, 저런. 저 궤변
좀 보겠나!) *Rom.* 3.5.150.

Now: 놀라움이나 호기심을 나타낼 때 사용된다.

- *Now*, what's the matter, Provost? (아니, 전옥, 무슨 일이오?) *Meas.* 2.2.6.

How now: 놀라움을 나타낼 때 사용된다.

- Why, *how now*, Hamlet? (아니, 어떻게 된 것이냐, 햄릿?) *Ham.*
3.4.13.

- *How now*, my love? (여보, 아니 어떻게 된 거요?) *MND*. 1.1.128.
- *How now*, spirit; whither wander you? (아니, 요정아! 어디로 헤매어 가는 거니?) *MND*. 2.1.1.
- *How now*, mad spirit? (어찌 되었느냐, 장난꾸러기 요정아?) *MND*. 3.2.4.
- *How now*, what news? (어찌 된 일이냐, 무슨 소식이라도?) *Merch*. 1.2.134.

Out: 혐오, 비난, 분개를 나타낼 때 사용된다.

- *Out*, dog! *out*, cur! (꺼져요, 이 개 같은 이! 꺼져요, 이 들개 같은 이!) *MND*. 3.2.65.
- *out*, tawny Tartar, *out*; *Out*, loathed medicine! (저리 비껴, 이 까무잡잡아, 꺼져! 비끼라니까, 이 역겨운 약 같은 것아!) *MND*. 3.2.263-4.
- *Out*, *out*, thou strumpet Fortune! (아서라, 아서, 창녀 같은 운명의 여신이여!) *Ham*. 2.2.493.
- *Out*, dunghill! (닥쳐라, 쓰레기 같은 놈아!) *Lear* 4.6.243.
- *Out* and alas! it is my lady's voice (아이구 이를 어쩌나! 아씨의 목소리예요) *Oth*. 5.2.119.

Sir: 다소 경멸, 조롱, 분노를 느낄 때 사용된다.

- I pray you, *sirs*, lie in my tent and sleep. (얘들아, 내 군막 안에서 자도록 해라) *Caes*. 4.3.246.
- lie down, good *sirs* (누워 자도록 하여라, 얘들아) *Caes*. 4.3.250.

Sirrah: sir의 변형으로, 오로지 경멸을 나타낼 때에만 사용된다.

- go you before me *sirrah* (여봐라, 네놈이 먼저 가거라) *Merch.* 2.5.38.
- *Sirrah*, if thy captain knew I were here (여보게, 만일 자네의 대장이 내가 여기에 와 있다는 것을 알게 되면) *Cor.* 5.2.55.
- *Sirrah*, a word with you (여봐라, 네게 할 말이 있다) *Macb.* 3.1.45.
- Whose grave's this, *sirrah*? (여봐라, 이것은 누구의 무덤이냐?) *Ham.* 5.1.127.
- You, you, *sirrah*, where's my daughter? (너, 너, 이 놈, 내 딸은 어디 있느냐?) *Lear* 1.4.48.
- When were you wont to be so full of songs, *sirrah*? (이놈, 너 언제부터 그렇게 노래를 많이 알게 되었느냐?) *Lear* 1.4.186.
- And you lie, *sirrah*, we'll have you whipp'd (이놈, 거짓말하면 회초리 맞는다) *Lear* 1.4.197.
- *Sirrah*, naked fellow (여봐라, 벌거숭이) *Lear* 4.1.53.

Soft: 조용히 하라고 주의를 촉구하거나, 멈추라고 명령할 때 사용된다.

- *Soft* you now, The fair Ophilia! (가만 있자, 어여쁜 오필리어다!) *Ham.* 3.1.88.
- *Soft* you, a word or two (잠깐, 한두 마디 드릴 말씀이 있소이다) *Oth.* 5.2.338.
- But *soft*, what nymphs are these? (헌데, 잠깐, 이건 무슨 요정들인가?) *MND.* 4.1.132.
- But *soft*, behold (하지만 조용, 보시오) *Ham.* 1.1.126.
- *Soft*, let me see (잠깐, 어디 보자) *Ham.* 4.7.154.
- But *soft*, I pray you; what, did Caesar swound? (한데, 가만히 있어 보시오. 뭐, 시저가 기절을 했단 말이오?) *Caes.* 1.2.251.

Tut: 초조, 조롱, 경멸을 나타낼 때 사용된다.

- *Tut*, I am in their bosoms (체, 나는 그 자들의 속을 뻔히 들여다보고 있소) *Caes.* 5.1.7.
- *Tut*, I can counterfeit the deep tragedian (체, 한다하는 비극 배우 흉내쯤은 문제없소이다) *R3.* 3.5.5.
- *Tut, tut*, thou art all ice (쯧. 쯧. 경은 아주 냉혹한 사람이로군) *R3.* 4.2.22.

What: 경악, 초조, 분노의 기분을 나타낼 때, 또는 상대방의 주의를 촉구하거나 상대방의 언어나 태도가 의외라는 것을 나타낼 때 사용된다.

- *What*, canst thou talk? (아니, 임께서도 말씀하시나요?) *Ven.* 427.
- *What*, all so soon asleep! (아니, 저렇게 빨리 잠이 들다니!) *Temp.* 2.1.191.
- *What*, gone without a word! (아니, 말 한마디 없이 가버리다니!) *Gent.* 2.2.16.
- *What*, didst thou offer her this from me? (아니, 이걸 내가 아가씨에게 보낸 선물이라고 그랬느냐?) *Gent.* 4.4.58.
- *What, what, what!* (아니, 왜 이러십니까, 왜 이러세요!) *Cor.* 4.1.14.

When: 의문부사와 감탄사의 중간적인 것으로, 초조의 감정을 나타낼 때 사용된다.

- Come, thou tortoise! *when*? (나와라, 거북아, 아직 멀었냐?) *Temp.* 1.2.316.
- *When*, Lucius, *when*? Awake, I say! What, Lucius! (아니, 루셔스야, 어찌 되었느냐? 일어나라니까! 얘, 루셔스야!) *Caes.* 2.1.5.
- Nay, *when*? Strike now, or else the iron cools (자, 어서, 쇠는 달궈져 있을 때 두드리지 않으면 식어 버린다) *3H6.* 5.1.49.

Why: in that case, of course, to be sure 등의 의미를 나타낼 때 사용된다.

- *why* thou--loss upon loss! (아니 여보게--설상가상이로군!) *Merch.* 3.1.95.
- *Why*, so: you have made good work! (그럴 테지. 당신네는 참 훌륭한 일을 저질러 놓았소이다) *Cor.* 5.1.15.
- Unreal mock' ry, hence!--*Why*, so;--being gone, I am a man again (허황된 허깨비야, 썩 물러가라!--그래, 그래야지.--그대가 사라지면, 나는 다시 대장부가 될 수 있다) *Macb.* 3.4.107.

참고문헌

Abbott, E.A. A *Shakespearian Grammar*. New York: Dover Publications, Inc, 1966.

Barber, Charles. *Early Modern English*. London: Andre Deutsch, 1976.

Blake, N.F. *Shakespeare's Language An Introduction*. London: The Macmillan Press Ltd, 1983.

Bradley, H. " Shakespeare's English" *Shakespeare's England*. Oxford: Clarenden Pr., 1917.

Brook, G.L. *The Language of Shakespeare*. London: Deutsch, 1976.

Evans, B.I. *The Language of Shakespeare' s Plays*. London: Methuen, 1952.

Franz, W. *Die Sprache Shakespeares in Vers und Prosa*. 4te Aufl. Halle: Niemyer, 1939.

Hulme, Hilda M.: *Explorations in Shakespeare's Language*. London: Longmans, 1962.

McKnight, G.H. "Shakespeare and the Language of his Time" *Modern English in the Making*. New York: Appleton-Century-Crofts, 1928.

Partridge, A.C. *Tudor to Augustan English*. London: Andre Deutsch, 1969.

Quirk, R., " Shakespeare and the English Language" A *New Companion to Shakespeare Studies*. Cambridge: C.U.P., 1971

Schmidt, A. *Shakespeare Lexicon*. New York: Dover Publications, Inc., 1971.

Willcock, G.D. "Shakespeare and Elizabethan English" *A Companion to Shakespeare Studies. Cambridge*: C.U.P., 1934.

Wyld, H.C. *A History of Modern Colloquial English*. London: Fisher Unwin, 1920.

세익스피어 영어의 문법

인쇄 / 2003년 5월   21일
발행 / 2003년 5월   31일

발행인/ 김진수
저   자/ 정재문

펴낸곳/ **한국문화사**
등   록/ 2-1276호(1991.11.9)
주   소/ 서울특별시 성동구 성수1가2동 656-1683 두엔캔 B/D 502호 133-823
전   화/ 02)464-7708(대표), 3409-4488(편집부)
팩   스/ 02)499-0846
URL / www.hankookmunhwasa.co.kr
e-mail/ hkm77@korea.com
가격 10,000원

ISBN 89-5726-045-5 93740